AF401225

DISTANCES

DE

BREST

AUX

PRINCIPALES VILLES

DE L'EUROPE,

DISTANCES

DE

BREST

AUX

PRINCIPALES VILLES

DE L'EUROPE,

A l'usage des Bureaux de la Marine.

A BREST, DE L'IMPRIMERIE DE F.-M. BINARD.

A BREST,

CHEZ LE FOURNIER et Neveux, LIBRAIRES.

1811.

AVEC AUTORISATION.

ARRÊTÉ

Qui détermine le mode de payement des Officiers Militaires, d'Administration, et autres Employés au service de la Marine, pour frais de conduite.

Du 29 Pluviôse an 9.

L ES CONSULS DE LA RÉPUBLIQUE, sur le rapport du Ministre de la Marine et des Colonies ; le Conseil d'État entendu, ARRÊTENT :

ARTICLE PREMIER.

Les officiers militaires, d'administration et autres entretenus et non entretenus, employés au service de la Marine, seront payés, à compter du 1.er ventôse an 9 de la république, pour leurs conduites ou frais de voyage et vacations, conformément au tarif inséré à l'art. II.

ART. II.

	CONDUITES ou frais de voyage par myriamèt.		VACATIONS par jour.	
	f.	c.	f.	c.
Préfet maritime.				
Vice-amiral.	15	00	20	00
Contre-amiral.				
Inspecteur général du génie maritime. . .	10	00	15	00

A 3

	CONDUITES ou frais de voyages par myriamèt.		VACATIONS. par jour.	
	f.	c.	f.	c.
Inspecteur du port				
Chef . . . . { militaire. . . . . des constructions. . . . . . des mouvemens. . . . . . . d'artillerie. . . . . d'administration.	7	00	12	00
Capitaine de vaisseau.				
Ingénieur de vaisseau, de première classe.				
Commissaire de marine.				
Le premier des Sous-inspecteurs.	6	00	10	00
Médecin Chirurgien Pharmacien } en chef des armées navales.				
Capitaine de frégate.				
Ingénieur de vaisseau, de deuxième classe.				
Commissaire auditeur..				
Professeur des élèves de navigation				
Garde-magasin, de première classe. . . .	5	00	8	00
Médecin Chirurgien Pharmacien } en second des armées navales				
Lieutenant de vaisseau.				
Sous-inspecteur.				
Sous-ingénieur de première classe.				
Sous-commissaire de marine.				
Secrétaire du conseil d'administration. . . .				
Médecin Chirurgien. Pharmacien } de première classe.	4	00	7	00
Capitaine de gendarmerie				
Greffier en chef de la cour martiale.				
Garde-magasin de deuxième classe.				

	CONDUITES ou frais de voyages par myriamèt.		VACATIONS par jour.	
	f.	c.	f.	c.
Enseigne de vaisseau				
Sous-ingénieur de deuxième classe.				
Commis principal.				
Chirurgien } Pharmacien } de deuxième classe.				
Jardinier botaniste.	3	oo	5	5o
Lieutenant de gendarmerie.				
Sous-garde magasin d'artillerie.				
Sculpteur en chef.				
Peintre en chef.				
Premier maître mâteur.				
Aspirant.				
Élève du génie maritime.				
Commis ordinaire de marine				
Préposé à l'inscription maritime.				
Syndic des marins.				
Chirurgien } Pharmacien } de troisième classe.	2	5o	4	oo
Maréchal des logis.				
Brigadiers et Gendarmes maritimes.				
Pompier.				
Garde-pompes à incendie.				
Maître entretenu de toute classe et profession				
Comite et Argousin				
Premier maître chargé à bord, quoique non entretenu	2	oo	3	oo
Premier commis des vivres embarqués.				
Sous-comite et Sous-argousin.				

III. Tout officier ou entretenu, pour obtenir ses frais de voyage ou vacations sera tenu de produire l'ordre de service, en vertu duquel il aura voyagé.

IV. Les vacations ne seront payées que pour le tems de la résidence seulement dans les lieux où les officiers ou entretenus auront été détachés, à compter du jour de l'arrivée inclusivement jusqu'à celui du départ exclusivement. Ces époques devront être constatées par un certificat de l'autorité à laquelle ils auront été adressés, ou par la municipalité.

V. Si un officier ou un entretenu en mission où én route était retenu par des ordres supérieurs ou par des événemens de force majeure, au-delà du terme qui sera fixé ci-après, il sera tenu d'en rapporter des preuves authentiques, pour que les vacations lui soient allouées.

VI. Si un officier ou un entretenu, ou tout autre reçoit l'ordre de prendre la poste, et que la conduite attribuée à son grade ne puisse suffire à cette dépense, il lui sera alloué, pour en tenir lieu, les frais de poste de deux chevaux et d'un guide, et il sera ajouté une moitié en sus de ces frais, pour tenir lieu de nourriture et de toute autre dépense en route.

Au moyen de cette disposition, l'officier, l'entrenu ou tout autre, ne sera pas admis à demander des dédommagemens pour achat, loyer ou réparation des voitures, ni pour tout autre dépense quelconque.

VII. Un officier ou entretenu, chargé d'une mission particulière qui exigera un séjour de plus d'un mois, ne pourra prétendre à la jouissance des vacations que pendant cet intervalle; passé lequel, il ne lui sera accordé qu'un supplément montant, au plus, au tiers des appointemens attribués à son grade, et pour un tems limité, qui sera déterminé par le Ministre de la Marine, et qui ne pourra excéder quatre mois, Paris excepté.

Les ingénieurs, maîtres et contre-maîtres employés à l'exploitation et au martelage des bois, sont provisoirement exceptés de cette disposition ; ils jouiront, pendant le tems qu'ils seront en activité dans les forêts, du traitement alloué à ce genre de service.

VIII. Il ne sera alloué aucune vacation, ni conduite aux commissaires, sous-commissaires, commis d'administration, préposés, syndics des marins et autres employés à l'inscription maritime, qu'autant qu'ils sortiront du chef-lieu de leur quartier ou syndicat, et qu'ils justifieront d'un ordre du Ministre de la Marine, du Chef d'administration ou Commissaire principal de l'arrondissement, qui les ait autorisés à se déplacer pour un service extraordinaire.

IX. Les officiers-mariniers, pilotes-côtiers, les divers préposés des vivres, les maîtres et autres employés surnuméraires de toute classe et profession, les matelots, les novices et les mousses, ainsi que les ouvriers de levée, voyageant pour le service, naufragés, ou provenant des prisons ennemies, recevront *trente centimes* par myriamètre, et il leur sera accordé le logement en route, conformément à l'arrêté du 2 ventôse an 5.

X. Indépendamment des trente centimes par myriamètre et du logement en route, il sera alloué aux officiers-mariniers, pilotes-côtiers et ouvriers qui seront levés pour le service des vaisseaux ou pour celui des ports et arsenaux, ou qui en seront congédiés pour retourner dans leurs quartiers, quinze kilogrammes pesant pour le port de leurs hardes et effets, dix kilogrammes aux matelots, novices et mousses.

XI. Le prix du port de hardes , à raison de quinze kilogrammes pesant , sera payé sur le pied de *seize centimes* par myriamètre, aux officiers-mariniers et ouvriers, compris le port d'outils de ces derniers, et à raison de dix kilogrammes pesant, sur le pied de *dix centimes* par myriamètre , aux matelots, novices et mousses.

XII. La loi du 27 brumaire an 3, ayant assimilé les marins, pour la conduite en route, aux militaires de terre, les commissaires des guerres et d'administrations municipales auront soin de ne délivrer aux marins et ouvriers voyageant pour le service, naufragés, ou provenant des prisons ennemies, aucune feuille de route ni billet de logement que sur la présentation d'ordre de levée, de congédiement ou passe-port en forme, émanés des Officiers d'Administration de la Marine, des divers Agens préposés à l'Inscription maritime, des Commissaires aux relations commerciales, ou de tous autres chargés de l'échange des prisonniers de guerre.

XIII. Le port de hardes continuera à être payé aux marins et ouvriers voyageant pour le service, dans le chef-lieu du quartier, et il en sera fait mention sur l'ordre de levée.

XIV. En conformité de l'article 74, du titre 10, de la loi du 3 brumaire an 4, portant rétablissement des troupes d'artillerie de la marine, les dispositions relatives aux frais de route et déplacement, alloués aux troupes d'infanterie, seront applicables auxdites troupes d'artillerie de la marine.

XV. Les grades, dénominations ou professions des divers agens employés au service de la marine, qui ne seraient pas prévus dans le présent arrêté, seront, d'après une décision motivée du Chef d'administration ou Commissaire principal chargé en chef du service, assimilés, pour le paiement des conduites ou vacations, aux grades, dénominations ou professions ci-dessus mentionnés qui auront le plus d'analogie, en observant de prendre la quotité des appointemens fixés pour un des premiers termes d'assimilation. Le Chef d'administration ou Commissaire principal rendra compte au Ministre de la Marine, de la détermination prise à ce sujet.

XVI. Le Ministre de la Marine et des Colonies, est chargé de l'exécution du présent arrêté qui sera inséré au bulletin des lois.

DISTANCES DE BREST

AUX

PRINCIPALES VILLES DE L'EUROPE,

A l'usage des Bureaux de la Marine.

	Département.	Myriamét.
Abbeville.	Somme.	68
Agde.	Hérault.	129
Agen.	Lot et Garonne.	94 ½
Agrano.	Allemagne.	289
Agreaux.	Des Landes.	90
Ahin.	Sambre et Meuse.	102
Aigle. (l')	Orne.	55
Aiguebelle.	Mont-blanc.	138
Aigue-Perse.	Puy-de-Dôme.	104 ½
Aiguillon.	Lot et Garonne.	91
Ailly-le-Haut Clocher.	Somme.	69 ½
Airaines.	Somme.	65 ½
Aire.	Pas-de-Calais.	76
Aire.	Des Landes.	96
Aix.	Bouch. du Rhône	151 ½
Aix.	Mont-blanc.	141
Aix-la-Chapelle.	La Roër.	120 ½

	Département.	Myriamèt.
Aixé.	*Haute-Vienne.*	82
Aizy-sur-Armançon.	*Yonne.*	98
Ajain.	*Creuse.*	96 ½
Alassio.	*Montenotte.*	198 ½
Albens.	*Mont-blanc.*	139 ½
Alby.	*Tarn.*	119
Alençon.	*Orne.*	47
Alexandrie.	*Marengo.*	175 ½
Algésiras. (*Espagne.*)	Andalousie.	262 ½
Alicante. (*Espagne.*)	Royaume de Murcie	236
Aliquerville.	*Seine inférieure.*	55 ½
Alost.	*Escaut.*	95
Altona.	*Bouches de l'Elbe.*	175 ½
Altkirch.	*Haut-Rhin.*	128 ½
Altroff.	*Meurthe*	116 ½
Alzey.	*Mont-tonnerre*	125 ½
Alzonne.	*Aude.*	119 ½
Amboise.	*Indre et Loire.*	62
Amiens.	*Somme.*	70
Ampilly-les-Bordes.	*Côte-d'Or.*	100 ½
Amsterdam.	*du Zuyderzée.*	113
Ancenis.	*Loire inférieure.*	39 ½
Anclan.	Prusse.	213
Ancy-le-Franc.	*Yonne*	96 ½
Ancône. (*Italie.*)	*du Metauro.*	254 ½
Andiol.	*Vaucluse.*	145 ½
Andernach.	*Rhin et Moselle.*	125
Anduze.	*Gard.*	133 ½

(15)

	Département.	Myriamèt
Anet.	*Eure et Loire.*	62
Angers.	*Maine et Loire.*	45 $\frac{1}{2}$
Angerville.	*Seine et Oise.*	70
Angoulême.	*Charente.*	68 $\frac{1}{2}$
Annecy.	*Mont-blanc.*	136
Annone.	*Marengo.*	172 $\frac{1}{2}$
Antibes.	*Var.*	175
Antraiu.	*Ile et vilaine*	29
Anvers.	*Deux Nèthes*	98
Anspach.	*Haut-Rhin.*	123 $\frac{1}{2}$
Anse.	*Rhône.*	125
Aoste.	*La Dora.*	129
Arbret.	*Pas-de-Calais.*	75 $\frac{1}{2}$
Arboise.	*Jura.*	118 $\frac{1}{2}$
Arcis-sur-Aube.	*Aube.*	88 $\frac{1}{2}$
Ardres.	*Nord.*	81
Argentan.	*Orne.*	49 $\frac{1}{2}$
Argentat.	*Corrège.*	94 $\frac{1}{2}$
Argenton.	*Indre.*	76 $\frac{1}{2}$
Argenton.	*Finistère.*	3
Armentières.	*Nord.*	85
Arles.	*Bouch. du Rhône.*	143
Arnas. (les)	*Rhône.*	118 $\frac{1}{2}$
Arnheim.	*Yssel supérieur.*	118
Arpajon.	*Seine et Oise.*	70 $\frac{1}{2}$
Arras.	*Pas-de-Calais.*	77 $\frac{1}{2}$
Artenay.	*Loiret.*	73
Artkirch.	*Haut-Rhin.*	128 $\frac{1}{2}$

	Département.	Myriamèt.
Artix.	Basses Pyrennées.	104
Aspach.	Haut-Rhin.	128
Assche.	Escaut.	97
Astafort.	Lot et Garonne.	97
Asti.	Marengo.	171
Ath.	Jemmape.	88
Attert.	Des Foréts.	99
Atost.	Dyle.	93
Aubagne.	Bouch. du Rhône.	157 $\frac{1}{2}$
Auberive.	Hérault.	127 $\frac{1}{2}$
Aubiet.	Gers.	106 $\frac{1}{2}$
Aubusson.	Creuse.	91
Auch.	Gers.	104 $\frac{1}{2}$
Audenarde.	Escaut.	89 $\frac{1}{2}$
Audierne.	Finistère.	13
Aumale.	Seine inférieure.	65
Aumetz.	Meuse.	105
Auray.	Morbihan.	20 $\frac{1}{2}$
Aurich.	Ems oriental.	147
Aurillac.	Cantal.	99
Ausbourg.	Allemagne.	164
Autun.	Saône et Loire.	106 $\frac{1}{2}$
Auxerre.	Yonne.	91 $\frac{1}{2}$
Auxonne.	Côte-d'or.	110
Avalon.	Yonne.	97
Avelange.	Sambre et Meuse.	108 $\frac{1}{2}$
Avesne.	Nord.	93 $\frac{1}{2}$
Avignon.	Vaucluse.	143

	Département	Myriamèt.
Avillian.	*Pô.*	115 ½
Avranches.	*Manche.*	31
Avroult.	*Pas-de-Calais.*	76
Bac-au-Bencheul.	*Nord.*	80 ½
Bacharach.	*Rhin et Moselle.*	120
Badajoz. (*Espagne.*)	*Estramadure.*	238
Bagnasc.	*Montenotte.*	78 ½
Bagnères.	*Hautes-Pyrennées.*	109
Bagnols.	*Gard.*	148
Bailleul.	*Nord.*	83
Bainville.	*Meurthe.*	109 ½
Bantzenheim.	*Haut-Rhin.*	127 ½
Baraque. (la)	*Côte-d'Or.*	108
Baraques. (les)	*Gard.*	136 ½
Baraques. (les)	*Puy-de-Dôme.*	100 ½
Barbançon.	*Ardennes.*	97
Barbelrothen.	*Bas-Rhin.*	132
Barbeirac.	*Aude.*	123 ½
Barbezieux.	*Charente.*	73
Barcelonne. (*Espagne.*)	*Catalogne.*	159

B

	Département.	Myriamèt.
Barèges.	Hautes-Pyrennées.	112
Barentin.	Seine inférieure.	59
Bari. (*Sicile.*)		341
Bariolet.	Corrèze.	90
Barjols.	Var.	161
Barre. (la)	Haute-Vienne.	78 ½
Barres-de-Nintré (les)	La Vienne.	65 ½
Bar-sur-Aube.	Aube.	97
Bar-sur-Ornain.	Meuse.	99 ½
Bar-sur-Seine.	Aube.	92 ½
Bassano. (*Italie.*)	Du Bacchiglione.	222 ½
Basle.	Haut-Rhin.	130 ½
Bassou.	Yonne.	89 ½
Battices. (les)	Ourthe.	117 ½
Baud.	Morbihan.	19 ½
Bavay.	Nord.	85
Bayeux.	Calvados.	44 ½
Bayonne.	Basses-Pyrennées.	108 ½
Bazas.	Gironde.	84 ½
Baziège.	Haute-Garonne.	113
Bazoge. (la)	Sarthe.	51 ½
Beaufort.	Jura.	120
Beaugency.	Loiret.	70
Beaulac.	Gironde.	85 ½
Beaume-les-Dames.	Doubs.	123
Beaumetz.	Pas-de-Calais.	65 ½
Beaumont.	Meurthe.	106
Beaumont-sur-Oise.	Seine et Oise.	71 ½

	Département.	Myriamèt.
Beaumont-sur-Sarthe.	Sarthe.	49 $\frac{1}{2}$
Beaune.	Côte-d'Or.	111
Beausset. (le)	Var.	161
Beauvais.	Oise.	67 $\frac{1}{2}$
Beauvois.	Aisne.	85 $\frac{1}{2}$
Bec d'Ambès.	Gironde.	73
Bédée.	Ile et Vilaine.	26 $\frac{1}{2}$
Bégude-Blanche.	Basses-Alpes.	158
Bégude-de-Jordy.	Hérault.	133 $\frac{1}{2}$
Beinheim.	Bas-Rhin,	126 $\frac{1}{2}$
Belesme.	Orne.	51 $\frac{1}{2}$
Belfort.	Haut-Rhin.	124 $\frac{1}{2}$
Bellicourt.	Aisne.	88
Belle-Garde.	Ain.	135
Belle-isle-en-mer.	Morbihan.	28
Belle-isle en terre.	Côte-du-Nord.	10 $\frac{1}{2}$
Belleville.	Meurthe.	109 $\frac{1}{2}$
Bellevue.	Aisne.	93 $\frac{1}{2}$
Bellevue.	Sambre et Meuse.	61
Bellune. (Italie.)	De la Piava.	235 $\frac{1}{2}$
Bennaménil.	Meurthe.	114
Bene.	La Strura.	171
Benfeld.	Bas-Rhin.	125 $\frac{1}{2}$
Ben-Odet.	Finistère.	11
Bergheim.	La Roër.	125 $\frac{1}{2}$
Berg-op-zoom.	Hollande.	102
Bergues.	Nord.	83
Berhern.	Moselle.	115

	Département.	Myriamét.
Berlin.	Prusse.	148 $\frac{2}{3}$
Bernay.	Eure.	53
Bergame. (*Italie*)	Du Séria.	192
Berny.	Seine.	70
Bery-au-bac.	Aisne.	90 $\frac{4}{5}$
Besançon.	Doubs.	119 $\frac{1}{2}$
Bessay.	Allier.	100 $\frac{1}{2}$
Bessière. (la)	Cantal.	114 $\frac{1}{2}$
Béthune	Pas-de-Calais.	81
Béziers.	Hérault.	132
Biaudot.	Basses-Pyrennées.	110 $\frac{1}{2}$
Bidars.	Basses-Pyrennées.	110
Bienheim.	Bas-Rhin.	130 $\frac{1}{2}$
Bilbao. (*Espagne*)	Biscaye.	154 $\frac{1}{2}$
Binasco.	Italie.	138
Bingen.	Rhin et Moselle.	119 $\frac{1}{2}$
Bioudas.	Des Landes.	108 $\frac{1}{2}$
Bitche.	Moselle.	118 $\frac{1}{2}$
Bitnau.	Gers.	106
Blamont.	Meurthe.	116
Blangy.	Somme.	65
Blaye.	Gironde.	70
Blois.	Loir et Cher.	66
Bocholt.	Meuse inférieure.	123
Boen.	Loire.	112
Bois-de-Lihus.	Oise.	78
Boisseuil.	Haute-Vienne.	82
Boissière. (la)	Seine inférieure.	60 $\frac{1}{2}$

	Département.	Myriamèt.
Bolbec.	*Seine inférieure.*	54 $\frac{1}{2}$
Bologne. (*Italie*)	*Du Reno.*	222
Bonavy.	*Nord.*	79
Bonboillon.	*Haute-Saône.*	116
Bondy.	*Seine.*	71
Bonn.	*Rhin et Moselle.*	130 $\frac{1}{2}$
Bonneval.	*Eure et Loire.*	64
Bone.	*La Strura.*	171
Bonnières.	*Seine et Oise.*	60 $\frac{1}{2}$
Bonsain.	*Sambre et Meuse.*	110 $\frac{1}{2}$
Boppart.	*Rhin et Moselle.*	123
Bordeau-de-Vigny.	*Seine et Oise.*	66 $\frac{1}{2}$
Bordeaux.	*Gironde.*	76 $\frac{1}{2}$
Bordes-d'Expoey. (les)	*Basses-Pyrennées.*	103 $\frac{1}{2}$
Borghetto.	*Appenins.*	198 $\frac{1}{2}$
Borgo-Saint-Donino.	*Italie.*	195 $\frac{1}{2}$
Borgo-Taro.	*Appenins.*	207 $\frac{1}{2}$
Botte. (la)	*Seine inférieure.*	53
Bouchain.	*Nord.*	81
Bouillon.	*Sambre et Meuse.*	102 $\frac{1}{2}$
Bois-le-Duc.	*Bouches- du Rhin.*	110
Boulogne-sur-mer.	*Pas-de-Calais.*	77
Boulon. (le)	*Pyrennées orient^{les}.*	139
Bourbonne-les-Bains.	*Haute-Marne.*	108
Bourdinière. (la)	*Eure et Loire.*	62
Bourdonnaye. (la)	*Meurthe.*	115
Bourg de l'Ain.	*Ain.*	126
Bourg-Achard.	*Eure.*	53 $\frac{1}{2}$

	Départemont.	Myriamèt.
Bourganeuf.	*Creuze.*	86 $\frac{1}{2}$
Bourg-Baudouin.	*Eure.*	59 $\frac{1}{2}$
Bourg-d'Un.	*Seine inférieure.*	61
Bourges.	*Cher.*	83 $\frac{1}{2}$
Bourget. (le)	*Seine.*	71
Bourg-Libre.	*Haut-Rhin.*	129
Bourgoin.	*Isère.*	122
Bourg Saint-Dalmaz.	*Pô.*	177
Bourg-Théroude.	*Eure.*	56 $\frac{1}{2}$
Bouscaut. (le)	*Gironde.*	78
Boussain.	*Sambre et Meuse.*	110 $\frac{1}{2}$
Bout-de-Landes.	*Ile et Vilaine.*	32
Boux.	*Ardennes.*	96 $\frac{1}{2}$
Bouzonville.	*Moselle.*	112
Braco.	*Appenins.*	195 $\frac{1}{2}$
Braine-sur-Vesle.	*Aisne.*	84
Braine-le-Comte.	*Jemmape.*	96
Braly. (la)	*Rhône.*	119 $\frac{1}{2}$
Bramant.	*Mont-Blanc.*	149
Braunau.	Bavière.	216
Brécy.	*Cher.*	85 $\frac{1}{2}$
Bréda.	*Des deux Nèthes.*	103
Bréharaye.	*Ile et Vilaine.*	32
Bréhat.	*Côte-du-Nord.*	16
Breil.	*Alpes maritimes.*	185
Brême.	*Bouches du Weser.*	163
Brescello.	Italie.	199 $\frac{1}{2}$
Breslaw.	Silésie.	160

	Département.	Myriamèt.
Breteuil.	*Oise.*	71
Brescia. (*Italie.*)	*De la Mella.*	199
Bretteville.	*Calvados.*	44 $\frac{1}{2}$
Briarre.	*Loiret.*	88
Brie-Saint-Yères.	*Seine et Oise.*	74 $\frac{1}{2}$
Brie-Comte-Robert.	*Seine et Marne.*	73 $\frac{1}{2}$
Brienne-le-Chateau.	*Aube.*	92 $\frac{1}{2}$
Brignolles.	*Var.*	158 $\frac{1}{2}$
Brionne.	*Eure.*	60
Brioude.	*Haute-Loire.*	108 $\frac{1}{2}$
Brives.	*La Corrèze.*	93 $\frac{1}{2}$
Brixen.	Autriche.	271
Bron.	*Isère.*	123
Broni.	Gênes.	185 $\frac{1}{2}$
Broons.	*Côtes-du-Nord.*	22 $\frac{1}{2}$
Brucmulbach.	*Mont-Tonnerre.*	120 $\frac{1}{2}$
Bruges.	*La Lys.*	90 $\frac{1}{2}$
Brumpt.	*Bas-Rhin.*	125
Brunswick.	Allemagne.	182
Brutinel.	*Hautes-Alpes.*	144
Bruxelles.	*La Dyle.*	93 $\frac{1}{2}$
Bublanne.	*Ain.*	130
Buchy.	*Seine inférieure.*	60 $\frac{1}{2}$
Bude.	Hongrie.	299
Buisson. (le Grand)	*Rhône.*	120 $\frac{1}{2}$
Buisson. (le)	*Pas-de-Calais.*	79 $\frac{1}{2}$
Burgos. (*Espagne*)	Vieille Castille.	153 $\frac{1}{2}$
Busca.	*Du Pô.*	173 $\frac{1}{2}$

	Département.	Myriamèt.
Bussy.	*Doubs.*	121
Bussière. (la)	*Loiret.*	86 $\frac{1}{2}$
Bussières.	*Seine et Marne.*	79
Buzançois.	*Indre.*	70 $\frac{1}{2}$
Buzancy.	*Ardennes.*	97 $\frac{1}{2}$
Caen.	*Calvados.*	43
Cadix. (*Espagne.*)	Andalousie.	267 $\frac{1}{2}$
Cahors.	*Lot.*	105
Calais.	*Pas-de-Calais.*	81
Calmoutier.	*Haute-Saône.*	118
Caloy.	*Des Landes.*	93
Camaret.	*Finistère.*	2 $\frac{1}{2}$
Cambray.	*Nord.*	79
Cambres. (les)	*Seine inférieure.*	59
Campagne.	*Des Landes.*	96
Campo-Marone.	Gênes.	187
Canchy.	*Somme*	69
Cannes.	*Var.*	173
Canon.	*Calvados.*	48 $\frac{1}{2}$
Cantons. (les)	*Des Landes.*	105
Cany.	*Seine inférieure.*	58 $\frac{1}{2}$

	Département.	Myriamèt.
Capelle. (la)	*Aisne.*	91 $\frac{1}{2}$
Captieux.	*Gironde.*	87
Carbon-Blanc.	*Gironde.*	74 $\frac{1}{2}$
Carcassonne.	*Aude.*	121 $\frac{1}{2}$
Carentan.	*Manche.*	41
Carignan.	*Du Pô.*	165 $\frac{1}{2}$
Carignan.	*Ardennes.*	103
Carhaix.	*Finistère.*	9
Carvin.	*Pas-de-Calais.*	81
Carteret.	*Hautes-Pyrennées.*	115
Carthagène. (*Espagne*)	Royaume de Murcie.	289 $\frac{1}{2}$
Casal.	*Marengo.*	172 $\frac{1}{2}$
Casal-Maggiore.	Italie.	204 $\frac{1}{2}$
Casal-Paster-Longo.	Italie.	199 $\frac{1}{2}$
Casères.	*Des Landes.*	99
Cassel.	Allemagne.	147 $\frac{1}{2}$
Cassel.	*Nord.*	80 $\frac{1}{2}$
Cassel-sur-le-Rhin.	*Mont-Tonnerre.*	122 $\frac{1}{2}$
Castenet.	*Haute-Garonne.*	111 $\frac{1}{2}$
Casteggio.	Gênes.	183 $\frac{1}{2}$
Castel-Guelfo.	Italie.	196
Castelnaudary.	*Aude.*	117
Castel-San-Giovani.	Italie.	187
Castel-Sarazin.	*Haute-Garonne.*	101 $\frac{1}{2}$
Castiau.	*Jemmape*	88 $\frac{1}{2}$
Castres.	*Gironde.*	79 $\frac{1}{2}$
Castries.	*Hérault,*	139 $\frac{1}{2}$
Cateau-Cambresis. (le)	*Nord.*	76 $\frac{1}{2}$

	Département.	Myriamèt.
Caudebec.	Seine inférieure.	56
Caudrot.	Gironde.	84
Caussade.	Lot.	106 $\frac{1}{2}$
Cauterets.	Hautes-Pyrennées.	110 $\frac{1}{2}$
Cavignac.	Charente inférieure.	80 $\frac{1}{2}$
Cavour.	Du Pô.	168 $\frac{1}{2}$
Caylus.	Lot.	109
Cental.	Du Pô.	174
Cerdon.	Ain.	132
Cérisy.	Aisne.	86 $\frac{1}{2}$
Cerons.	Gironde.	81
Cette.	Hérault.	132
Ceva.	Montenotte.	177
Chaalons-sur-Marne.	Marne.	89
Chaalons-sur-Saône.	Saône et Loire.	116 $\frac{1}{2}$
Chabannois.	Charente.	75
Chagny.	Saône et Loire.	114 $\frac{1}{2}$
Chafeyère.	Hautes-Alpes.	142 $\frac{1}{2}$
Chailly.	Seine et Marne.	75 $\frac{1}{2}$
Chaintrix.	Marne.	87
Chalans.	Vendée.	46
Chaleur. (la)	Côte-d'Or.	104 $\frac{1}{2}$
Chalus.	Haute-Vienne.	84 $\frac{1}{2}$
Chambery.	Mont-Blanc.	133
Chambrais.	Eure.	54 $\frac{1}{4}$
Champagnolle.	Jura.	121
Champenoux.	Meurthe.	111
Champlitte.	Haute-Saône.	112

	Département.	Myriamèt.
Champtocé.	*Mayenne et Loire.*	42 $\frac{1}{2}$
Chanceaux.	*Côte-d'Or.*	102
Chanteloube.	*Haute-Vienne.*	84
Chantilly.	*Oise.*	73
Chantonnay.	*Vendée.*	43 $\frac{1}{2}$
Chapareillan.	*Isère.*	135
Chapelle. (la)	*Seine et Marne.*	81
Chapelle. (la)	*Mont-Blanc.*	140
Chapelle-en-Serval.	*Oise.*	74
Chapelle-près-Belfort.	*Haut-Rhin.*	126 $\frac{1}{2}$
Charbonnière.	*Creuse.*	89
Charenton.	*Seine.*	71
Charité. (la)	*Nièvre.*	89
Charleroi.	*Jemmappe.*	94
Charleville.	*Ardennes.*	98 $\frac{1}{2}$
Charmes.	*Vosges.*	112
Chars.	*Seine et Oise.*	66
Chartres.	*Eure et Loire.*	60
Châteaubourg.	*Ile et Vilaine.*	37 $\frac{1}{2}$
Château-du-Loir.	*Sarthe.*	57
Château-d'Un.	*Eure et Loire.*	66
Château-la-Vallière.	*Indre et Loire.*	56 $\frac{1}{2}$
Châteaulin.	*Finistère.*	6
Château-Neuf.	*Ile et Vilaine.*	25 $\frac{1}{2}$
Château-Neuf.	*Finistère.*	8
Châtᵘ.-Neuf en Timerais.	*Eure et Loire.*	60
Château-Regnault	*Indre et Loire.*	62
Château-Roux.	*Indre.*	73

	Département.	Myriamèt.
Château-Salins.	*Meurthe.*	110
Château-Thierry.	*Aisne.*	81
Châtel-Audrin.	*Côtes-du-Nord.*	14 ½
Châtel-de-Neuve.	*Allier.*	101
Châtellerault.	*La Vienne.*	66 ½
Châtenay.	*Vosges.*	107 ½
Châtillon-sur-Indre.	*Indre.*	67 ½
Châtillon-sur-seine.	*Côte-d'Or.*	97
Chaumont-en-Bassigny.	*Haute-Marne.*	101 ½
Chaunay.	*La Vienne.*	66
Chauny.	*Aisne.*	83 ½
Chaussée. (la)	*Marne.*	91
Chavannes.	*Haut-Rhin.*	126 ½
Cherbourg.	*Manche.*	47
Chersac.	*Charente inférieure.*	78 ½
Chevilly.	*Loiret.*	74 ½
Chiavary. (*Italie.*)	*De la Brenta.*	195
Chilleurs.	*Loiret.*	76
Chissey.	*Saône et Loire.*	104
Chivas.	*La Dora.*	166 ½
Chouzy.	*Loire et Cher.*	64 ½
Chouzé.	*Indre et Loire.*	53
Churet.	*Charente.*	70
Cigliano.	*La Sésia.*	168 ½
Cintrey.	*Haute-Saône.*	112
Ciotat. (la)	*Var.*	159
Clagenfurth.	Autriche.	304
Clan.	*La Vienne.*	63 ½

	Département.	Myriamèt
Claye.	Seine et Marne.	73
Cléden.	Finistère.	14
Cléder.	Finistère.	4 ½
Clefmont.	Haute-Marne.	105
Clermont en Argonne.	Meuse.	96
Clermont.	Oise.	70 ½
Clermont.	Puy-de-Dôme.	101 ½
Clerval.	Doubs.	130
Clèves.	La Roër.	137
Cloars.	Finistère.	14 ½
Cloye.	Eure et Loire.	67 ½
Coblentz.	Rhin et Moselle.	123
Coclois.	Aube.	90 ½
Cognac.	Charente.	63 ½
Coin-d'Argent.	Deux Nèthes.	101
Coignères.	Seine et Oise.	63 ½
Colberg.	Prusse.	239
Colemberg.	Nord.	79
Collioure.	Pyrennées orient[les].	139 ½
Colmar.	Haut-Rhin.	126 ½
Cologne.	La Roër.	128 ½
Colombey.	Meurthe.	109
Colombey-les-deux-égl[ses].	Haute-Marne.	98 ½
Colombières.	Hérault.	142 ½
Collonge.	Léman.	135
Combeau-Fontaine.	Haute-Saône.	113 ½
Combourg.	Ile et Vilaine	28 ½
Comorn.	Hongrie.	288

	Département.	Myriamèt.
Commanderie. (la)	*Eure.*	54 $\frac{1}{2}$
Commercy.	*Meuse.*	104
Commodité. (la)	*Loiret.*	84
Como. (*Italie*)	*Du Lario.*	190 $\frac{1}{2}$
Compiègne.	*Oise.*	79
Concarneau.	*Finistère.*	11 $\frac{1}{2}$
Conches.	*Eure.*	58 $\frac{1}{2}$
Conchy-les-Pots.	*Oise.*	81
Cony.	*De la Strura.*	173
Connaux.	*Gard.*	149 $\frac{1}{2}$
Conquet. (le)	*Finistère.*	3
Conneré.	*Sarthe.*	60
Constantinople.	Turquie.	367
Connières.	*Seine et Oise.*	64
Copenhague.	Dannemarck.	234 $\frac{1}{2}$
Coquille (la)	*Dordogne.*	86
Corbeny.	*Aisne.*	91 $\frac{1}{2}$
Cordon.	*Ain.*	130
Cordoue. (*Espagne*)	Andalousie.	237
Cormery.	*Indre et Loire.*	62
Cormont.	*Pas-de-Calais.*	74 $\frac{1}{2}$
Corogne (la) (*Espagne.*)	Galice.	220
Corps.	*Isère.*	141 $\frac{1}{2}$
Cortenberg.	*La Dyle.*	95
Cosenza	Royaume de Naples.	361
Cosne.	*La Nièvre.*	92
Coube.	*La Vienne*	65
Coudes.	*Puy-de-Dôme.*	104

	Département.	Myriamèt.
Couhé.	*La Vienne.*	65
Coupladon.	*Haute-Loire.*	114
Courcelles.	*Moselle.*	108
Courcelles.	*Jemmape.*	92 $\frac{1}{2}$
Courtéson.	*Vaucluse.*	145 $\frac{1}{2}$
Courtray.	*La Lys.*	86
Courville.	*Eure et Loire.*	58
Coursoire.	*Nord.*	97 $\frac{1}{2}$
Coutal.	*Du Pó.*	174
Coutances.	*Manche.*	37
Cracovie.	Pologne.	318 $\frac{1}{2}$
Crécy.	*Aisne.*	91
Crémont. (*Italie.*)	*Du Haut-Pó.*	199
Cressensac.	*Lot.*	95 $\frac{1}{2}$
Cressentino.	*La Sésia.*	178 $\frac{1}{2}$
Creutznach.	*Rhin et Moselle.*	120
Crévelt.	*La Roër.*	121 $\frac{1}{2}$
Croisic. (le)	*Loire inférieure.*	30 $\frac{1}{2}$
Croisière. (la)	*Seine et Marne.*	80
Croix-Blanche. (la)	*Loire inférieure.*	38
Croix-Saint-Ouen. (la)	*Oise.*	78
Croix-de-Berny.	*Seine.*	70
Croix-Verte.	*Indre et Loire.*	55
Croquelardit.	*Lot et Garonne.*	96
Croutelle.	*La Vienne.*	65
Cruscades.	*Aude.*	127
Cruseilles.	*Léman.*	134
Cuxhaven.	*Bouches de l'Elbe.*	191

	Département.	Myriamét.
Cruystaerte.	*Deux Nèthes.*	104 $\frac{1}{2}$
Cubzac.	*Gironde.*	73 $\frac{1}{2}$
Cude.	*Côte-d'Or.*	107
Culm.	Prusse.	266
Cujes.	*Var.*	159
Curbussot.	*Gard.*	139 $\frac{1}{2}$
Cuvilly.	*Oise.*	80
Damet.	*Gironde.*	72
Dammartin.	*Seine et Oise.*	74
Dampierre.	*Charente inférieure.*	51
Damville.	*Eure.*	61
Dantzick.	Prusse.	264
Darnieule.	*Vosges.*	113
Darsmstadt.	Allemagne.	130
Dax.	*Des Landes.*	101
Delfryl.	*Bouch. de la Meuse*	140
Delle.	*Haut-Rhin.*	126 $\frac{1}{2}$
Delme.	*Meurthe*	108 $\frac{1}{2}$
Demnin.	Prusse.	203
Démont.	*Du Pô.*	178 $\frac{1}{2}$
Derbierres.	*La Drôme.*	140

	Département.	Myriamèt.
Derval.	*Loire inférieure.*	37 $\frac{1}{2}$
Désert. (le)	*Manche.*	42
Deutz.	*La Roër.*	120
Deux-Ponts.	*Mont-tonnerre.*	120
Diano.	*Montenotte.*	195 $\frac{1}{2}$
Dieppe.	*Seine inférieure.*	63
Dieuze.	*Meurthe.*	114 $\frac{1}{2}$
Dignan (le)	*Gard.*	135
Digne.	*Basses-Alpes.*	155
Digny.	*Ile et Vilaine.*	26 $\frac{1}{2}$
Dijon.	*Côte-d'Or.*	106 $\frac{1}{2}$
Dinan.	*Côte-du-Nord.*	23 $\frac{1}{2}$
Dinant.	*Sambre et Meuse.*	104 $\frac{1}{2}$
Dives.	*Calvados.*	45 $\frac{1}{2}$
Dol.	*Ile et Vilaine.*	26 $\frac{1}{2}$
Dôle.	*Jura.*	112
Domballe.	*Meurthe.*	111
Domballe.	*Meuse.*	97
Dommartin.	*Haute-Marne.*	96 $\frac{1}{2}$
Domrémy.	*Vosges.*	105
Donzenac.	*Corrèze.*	92
Donzère.	*Drôme.*	143 $\frac{1}{2}$
Dormans.	*Marne.*	83 $\frac{1}{4}$
Dormagen.	*La Roër.*	130 $\frac{1}{2}$
Douarnenez.	*Finistère.*	12
Douay.	*Nord.*	80 $\frac{1}{4}$
Doulens.	*Somme.*	73 $\frac{1}{4}$
Doyet.	*Allier.*	99 $\frac{1}{2}$

	Département.	Myriamèt.
Draguignan.	*Var.*	165 $\frac{1}{2}$
Dresde.	Saxe.	184
Dreux.	*Eure et Loire.*	60
Droiturier.	*Allier.*	106
Drouille.	*Creuze.*	88 $\frac{1}{2}$
Druzenheim.	*Bas-Rhin.*	128 $\frac{1}{2}$
Duerne.	*Rhône.*	118
Dun-sur-Meuse.	*Meuse.*	101 $\frac{1}{2}$
Dunkerque.	*Nord.*	84
Durckeim.	*Mont-Tonnerre.*	127 $\frac{1}{2}$
Durtal.	*Mayenne et Loire.*	50
Dusseldorf.	*La Roër.*	129 $\frac{1}{2}$
Duzino.	*Marengo.*	168
Echelle. (l')	*Aisne.*	90
Echelles. (les)	*Isère.*	132 $\frac{1}{2}$
Ecloo.	*Escaut.*	93 $\frac{1}{2}$
Eclose.	*Isère.*	128 $\frac{1}{2}$
Ecluse. (l')	*Seine et Marne.*	77
Ecommoy.	*Sarthe.*	55 $\frac{1}{2}$
Ecouen.	*Seine et Oise.*	72
Ecouis.	*Eure.*	61

	Département.	Myriamèt.
Elbeuf.	*Seine inférieure.*	56
Eindoven.	*Meuse inférieure.*	128
Elne.	*Pyrennées orient^les.*	138
Emptine.	*Sambre et Meuse.*	107 $\frac{1}{2}$
Enghien.	*Jemmape.*	90
Epernay.	*Marne.*	86 $\frac{1}{2}$
Epernon.	*Seine et Oise.*	61
Epinal.	*Vosges.*	114
Epine-Fauveau.	*Indre.*	75
Epoisses.	*Côte-d'Or.*	99 $\frac{1}{2}$
Epouville.	*Seine inférieure.*	53
Eraine.	*Somme.*	74 $\frac{1}{2}$
Ernée.	*Mayenne.*	37
Ervilliers.	*Somme.*	78 $\frac{1}{2}$
Eschweiler.	*Moselle.*	121 $\frac{1}{2}$
Esnon.	*Yonne.*	90
Essonne.	*Seine et Oise.*	73 $\frac{1}{2}$
Estaffort.	*Lot et Garonne.*	98 $\frac{1}{2}$
Estissac.	*Aube.*	88 $\frac{1}{2}$
Estréez.	*Calvados.*	49
Etain.	*Moselle.*	100 $\frac{1}{2}$
Etampes.	*Seine et Oise.*	68
Etaples.	*Somme.*	73
Etréchy.	*Seine et Oise.*	69
Etrépagny.	*Eure.*	62 $\frac{1}{2}$
Etreux-Landerna.	*Aisne.*	90
Etauliers.	*Gironde.*	68 $\frac{1}{2}$
Etoges.	*Marne.*	85

	Département.	Myriamèt.
Eu.	*Seine inférieure.*	66 ½
Evreux.	*Eure.*	56 ½
Eyndoven.	*La Roër.*	119 ½
Fabrègues.	*Hérault.*	139 ½
Falaise.	*Calvados.*	47 ½
Faou (le).	*Finistère.*	4
Faouet. (le)	*Morbihan.*	17
Faucaucourt.	*Somme.*	73 ½
Fauries. (les)	*Isère.*	137 ½
Fay. (le)	*Indre.*	78 ½
Fay-Billot.	*Haute-Marne.*	110 ½
Fécamp.	*Seine inférieure.*	56
Fegersheim.	*Bas-Rhin.*	126 ½
Felissan.	*Marengo.*	174
Fénestrange.	*Meurthe.*	115 ½
Fenouilh.	*Rhône.*	116 ½
Fère. (la)	*Aisne.*	85
Ferme-de-Paris. (la)	*Aisne.*	79 ½
Fermo. (*Italie.*)	*Du Tronto.*	266 ½
Ferrare. (*Italie*)	*Bas-Pô.*	229
Ferrol. (le) (*Espagne.*)	*Galice.*	225

	Département	Myriamèt.
Ferté-Bernard. (la)	*Sarthe.*	62
Ferté-Lowendal (la)	*Loiret.*	75 $\frac{1}{2}$
Ferté-sous-Jouarre. (la)	*Seine et Marne.*	77 $\frac{1}{2}$
Fessenheim.	*Haut-Rhin.*	128 $\frac{1}{2}$
Fleurs.	*Loire.*	114
Florence.	*De l'Arno.*	234
Finale.	*Montenotte.*	200
Figeac.	*Lot.*	98
Fins.	*Somme.*	76 $\frac{1}{2}$
Fiorenzola.	*Italie.*	198 $\frac{1}{2}$
Fismes.	*Marne.*	85 $\frac{1}{2}$
Fitou.	*Aude.*	133 $\frac{1}{2}$
Flamisoul.	*Des Foréts.*	95
Flassans.	*Var.*	160
Flavigny.	*Meurthe.*	111
Flêche. (la)	*Sarthe.*	52
Flers.	*Somme.*	72 $\frac{1}{2}$
Flexicourt.	*Somme.*	72 $\frac{1}{2}$
Flogny.	*Yonne.*	93
Florac.	*Lozère.*	126 $\frac{1}{2}$
Foglis.	*La Dora.*	166 $\frac{1}{2}$
Foggia.	*Sicile.*	333
Foix.	*Arriège.*	121
Fonches.	*Somme.*	72
Fontafy.	*Charente.*	73
Fontainebleau.	*Seine et Marne.*	76 $\frac{1}{2}$
Fontarabie.	*Gironde.*	71
Fontenay.	*Seine et Marne.*	73 $\frac{1}{2}$

	Département.	Myriamèt.
Fontenay.	*Loiret.*	81
Fontenay-le-Peuple.	*Vendée.*	48
Fontoy.	*Moselle.*	108 ½
Forbach.	*Moselle.*	113
Forge-Feret. (la)	*Seine inférieure.*	58 ½
Forges.	*Seine inférieure.*	69 ½
Fornovo.	Italie.	200 ½
Forli. (*Italie.*)	*Du Rubicone.*	231
Fossan.	*Du Pó.*	173 ½
Fossard.	*Seine et Marne.*	79
Fosse. (la)	*Manche.*	39
Foucarmont.	*Seine inférieure.*	64
Fouesnant.	*Finistère.*	10 ½
Fougères.	*Ile et Vilaine.*	32
Fougerolles.	*Haute-Saône.*	119
Fouligny.	*Moselle.*	109
Foulletourte.	*Sarthe.*	54 ½
Foux. (la)	*Gard.*	140
Frahier.	*Haute-Saône.*	123 ½
Fraineux.	*Ourthe.*	110 ½
Francfort-sur-l'Oder.	Prusse.	227
Francfort-sur-le Mein.	Allemagne.	127
Franconville.	*Seine.*	72
Frangy.	*Léman.*	135 ½
Frankenstein.	*Mont-Tonnerre.*	125 ½
Fréjus.	*Var.*	166
Fresse.	*Vosges.*	120
Frette. (la)	*Isère.*	130 ½

	Département.	Myriamèt.
Fressinet.	*Lozère.*	124
Frévent.	*Pas-de-Calais.*	75
Frey. (la)	*Isère.*	138
Frisenheim.	*Bas-Rhin.*	128 $\frac{1}{2}$
Frillière. (la)	*Indre et Loire.*	60 $\frac{1}{2}$
Frisange.	*Des Fôrets.*	110 $\frac{1}{2}$
Fromenteau.	*Seine et Oise.*	72
Fromentières.	*Marne.*	83 $\frac{1}{2}$
Fruges.	*Pas-de-Calais.*	74
Fulgent.	*Vendée.*	41
Fumay.	*Ardennes.*	104 $\frac{1}{2}$
Furnes.	*La Lys.*	85 $\frac{1}{2}$
Furth.	*La Roër.*	117 $\frac{1}{2}$
Gacé.	*Orne.*	52 $\frac{1}{2}$
Gaillac.	*Haute-Garonne.*	116 $\frac{1}{2}$
Gaillon.	*Eure.*	60 $\frac{1}{2}$
Galinière. (la)	*Bouch.-du-Rhône.*	153
Gambetta.	*Marengo.*	169 $\frac{1}{2}$
Gand.	*Escaut.*	91
Gannat.	*Allier.*	105 $\frac{1}{2}$
Gap.	*Hautes-Alpes.*	145 $\frac{1}{5}$

	Département.	Myriamèt.
Garesso.	*Montenotte.*	80
Gatinaud.	*Haute-Vienne.*	83 $\frac{1}{2}$
Gaverelle.	*Pas-de-Calais.*	78 $\frac{1}{2}$
Gaz. (le)	*Isère.*	130
Gémaingotte.	*Vosges.*	120
Genappe.	*La Dyle.*	108 $\frac{1}{2}$
Genève.	*Léman.*	131 $\frac{1}{2}$
Gènes.	*De Génes.*	189
Genlis.	*Côte-d'Or.*	108 $\frac{1}{2}$
Germersheim.	*Mont-Tonnerre.*	134
Gervazy.	*Gard.*	139
Gesvres.	*Loire inférieure.*	36 $\frac{1}{2}$
Gex.	*Léman.*	129 $\frac{2}{3}$
Ghistel.	*La Lys.*	89
Gibraltar. (*Espagne.*)	Andalousie.	262 $\frac{1}{2}$
Gien.	*Loiret.*	87 $\frac{1}{2}$
Gigean.	*Hérault.*	138 $\frac{1}{2}$
Gimont.	*Gers.*	110 $\frac{1}{2}$
Gisors.	*Eure.*	64
Givet.	*Ardennes.*	102
Gluckstadt.	Dannemarck.	178
Goderville.	*Seine inférieure.*	54 $\frac{1}{2}$
Gorcum.	*Bouches-du-Rhin.*	114
Goulven.	*Finistère.*	4
Gotha.	Allemagne.	152
Gournay-en-Bray.	*Seine inférieure.*	67
Gournay-sur-Aronde.	*Oise.*	79
Gouzon.	*Creuse.*	93 $\frac{1}{2}$

	Département.	Myriamèt.
Grammont.	*Escaut.*	90 $\frac{1}{4}$
Grand-Buisson-la-Barly.	*Rhóne.*	119 $\frac{1}{4}$
Grande-Mortrée.	*Orne.*	50 $\frac{1}{4}$
Grand-Noir.	*Jura.*	63 $\frac{1}{4}$
Granges. (les)	*Aube.*	85 $\frac{1}{4}$
Grange-d'Aleine. (la)	*Doubs.*	125 $\frac{1}{2}$
Granville.	*Manche.*	34
Gratz.	Autriche.	333
Gravelines.	*Nord.*	83 $\frac{1}{2}$
Graudentz.	Prusse.	269
Gravelle (la)	*Mayenne.*	41 $\frac{4}{5}$
Gravelotte.	*Moselle.*	104
Gray.	*Haute-Saône.*	114 $\frac{1}{2}$
Grenade. (*Espagne.*)	Roya^{me}. de Grenade	242
Grenoble.	*Isère.*	135 $\frac{1}{2}$
Greoux.	*Basses-Alpes.*	157
Greven-Macker.	*Des Foréts.*	106
Grez (les)	*Aube.*	87
Griffonottes. (les)	*Haute-Marne.*	109
Grillons (les)	*Basses-Alpes.*	153 $\frac{1}{2}$
Grizolles.	*Haute-Garonne.*	106 $\frac{1}{2}$
Grolle. (la)	*Charente.*	75 $\frac{1}{2}$
Groningue.	*Ems occidental.*	137
Grotemberg.	*Escaut.*	92
Gros-Bois.	*Seine et Oise.*	72 $\frac{1}{2}$
Gros-Kembs.	*Haut-Rhin.*	129 $\frac{1}{2}$
Guéldres.	*La Roër.*	128
Guerche. (la)	*Ile et Vilaine.*	36

E

	Département.	Myriamét.
Guérande.	*Loire inférieure.*	31
Gueret.	*Creuze.*	90
Guesselard.	*Sarthe.*	55 $\frac{1}{2}$
Gouesnou.	*Finistère.*	0 $\frac{3}{4}$
Gradalaxara (*Espagne*)	Nouvelle Castille.	162 $\frac{1}{2}$
Guidel.	*Finistère.*	15 $\frac{1}{2}$
Guignes.	*Seine et Marne.*	75 $\frac{1}{2}$
Guimgamp.	*Côtes-du-Nord.*	13
Guinguette-de-Boyer.	*Isère.*	142 $\frac{1}{2}$
Guipavas.	*Finistère.*	1
Guise.	*Aisne.*	88 $\frac{1}{2}$

Hagueneau.	*Bas-Rhin.*	123 $\frac{1}{2}$
Haine.	*Jemmape.*	89 $\frac{1}{2}$
Haine-Saint-Pierre.	*La Dyle.*	106 $\frac{1}{2}$
Hal.	*La Dyle.*	91 $\frac{1}{2}$
Halmstadt.	Suède.	251
Ham.	*Aisne.*	84
Hambourg.	*Bouches de l'Elbe.*	175
Hanau.	Allemagne.	129
Hanovre.	*Hanovre.*	174

	Département.	Myriamèt.
Harlem.	*Du Zuyderzée.*	115
Harville.	*Meuse.*	101 $\frac{1}{4}$
Hattersheim.	*Mont-Tonnerre.*	124 $\frac{1}{4}$
Hattstat.	*Haut-Rhin*	127 $\frac{1}{4}$
Havelange.	*Sambre et Meuse.*	109
Hâvre. (le)	*Seine inférieure.*	51
Haye (la)	*Bouch. de la Meuse*	113 $\frac{1}{2}$
Hazebrouck.	*Nord.*	82
Hébecourt.	*Somme.*	73 $\frac{1}{2}$
Hédé.	*Ile et Vilaine.*	28
Helder. (le)	*Du Zuyderzée.*	123 $\frac{1}{2}$
Helzenrath.	*Des Forêts.*	110 $\frac{1}{2}$
Helsingoër.	Suède.	251
Héming.	*Meurthe.*	118
Helsingbourg.	Suède.	243
Hennebon.	*Morbihan.*	17
Hérie. (la)	*Aisne.*	89 $\frac{1}{2}$
Hesdin.	Pas-de-Calais.	72
Hiersac.	*Charente.*	67
Hirson.	*Aisne.*	92
Hochfeld.	*Bas-Rhin.*	121
Hochtras.	*La Roër.*	130
Hombeurg.	*Mont-Tonnerre.*	118 $\frac{1}{2}$
Hommarting,	*Meurthe.*	118
Honfleur.	*Calvados.*	49
Horgne. (la)	*Moselle.*	107
Hôtellerie. (l')	*Calvados.*	49 $\frac{1}{2}$
Houdan,	*Seine et Oise.*	62 $\frac{1}{2}$

	Département.	Myriamèt.
Houdelaincourt.	*Meuse.*	102 $\frac{1}{2}$
Hougue. (la)	*Manche.*	46
Houssaye. (la)	*Aisne.*	66
Huningue.	*Haut-Rhin.*	129 $\frac{1}{2}$
Huppy.	*Somme.*	66 $\frac{1}{2}$
Hutte. (la)	*Sarthe.*	48 $\frac{1}{2}$

Igney.	*Vosges.*	113 $\frac{1}{2}$
Ingrande.	*La Vienne.*	67 $\frac{1}{2}$
Ile-Jourdain.	*Gers.*	108 $\frac{1}{2}$
Ile-sur-le-Doubs.	*Doubs.*	128 $\frac{1}{2}$
Inspruck.	Allemagne.	259
Irun.	*Basses-Pyrennées.*	114 $\frac{1}{2}$
Isenheim.	*Haut-Rhin.*	125 $\frac{1}{2}$
Irvillac,	*Finistère.*	3 $\frac{1}{2}$
Isle.	*Marne.*	90 $\frac{1}{2}$
Isle-de-Batz.	*Finistère.*	6 $\frac{1}{2}$
Isle-de-Sein.	*Finistère.*	16
Issoire.	*Puy-de-Dôme.*	105
Ittenheim.	*Bas-Rhin.*	123
Isigny.	*Calvados.*	42
Isle-de-Rhé.	*Charente inférieure.*	58 $\frac{1}{2}$

	Département.	Myriamèt.
Isle-d'Oleron.	*Charente inférieure.*	58
Isle-Dieu.	*Vendée.*	43
Ivrée.	*La Dora.*	169 $\frac{1}{2}$
Jalain.	*Nord.*	84
Jalons.	*Marne.*	88 $\frac{1}{2}$
Jannaye. (la)	*Loire inférieure.*	37
Jard. (la)	*Charente inférieure.*	64
Jarnac.	*Charente.*	65
Jaulzy.	*Oise.*	81 $\frac{1}{2}$
Joigny.	*Yonne.*	88
Joinville.	*Haute-Marne.*	99
Jonchery.	*Marne.*	86 $\frac{1}{2}$
Jonquière. (la)	*Pyrennées orient^{les}.*	140 $\frac{1}{2}$
Jorry.	*Haute-Garonne.*	108
Josselin.	*Morbihan.*	24 $\frac{1}{2}$
Jougne.	*Doubs.*	130 $\frac{1}{2}$
Jugon.	*Côtes-du-Nord.*	21
Juliers.	*La Roër.*	123

	Département.	Myriamèt.
Kaisersesck.	*Rhin et Moselle.*	118
Kaiserlautern.	*Mont-Tonnerre.*	123 $\frac{1}{3}$
Kandel.	*Bas-Rhin.*	132 $\frac{1}{2}$
Karlstadt.	Allemagne.	296
Kehl.	*Bas-Rhin.*	125
Kersaint.	*Finistère.*	3 $\frac{1}{2}$
Kersoer.	Dannemarck.	220 $\frac{1}{2}$
Kirchberg.	*Rhin et Moselle.*	114 $\frac{1}{2}$
Krafft.	*Bas-Rhin.*	127
Labrevach.	*Finistère.*	3 $\frac{1}{2}$
Laigle.	*Orne.*	55
Laigne. (la)	*Charente inférieure*	52 $\frac{1}{2}$
Laigrerie. (la)	*Isère.*	134 $\frac{1}{2}$
Lajard.	*Charente inférieure*	62
Lamand.	*Allier.*	96
Lamballe.	*Côtes-du-Nord.*	19
Lamoigneux.	*Meuse.*	100
Landau.	*Bas-Rhin.*	130 $\frac{1}{2}$
Landerneau.	*Finistere.*	2
Landévan.	*Morbihan.*	18 $\frac{1}{2}$
Landivisiau.	*Finistère.*	4
Landrecies.	*Nord.*	92

	Département.	Myriamèt.
Landstuhl.	*Mont-Tonnerre.*	121 $\frac{1}{2}$
Langannerie.	*Calvados.*	45 $\frac{1}{2}$
Langeais.	*Indre et Loire.*	56
Langenfeld.	*La Roër.*	134 $\frac{1}{2}$
Langon.	*Gironde.*	82 $\frac{1}{2}$
Langouèdre.	*Côtes-du-Nord.*	21
Langres.	*Haute-Marne.*	107 $\frac{1}{2}$
Lannilis.	*Finistère.*	4
Lanildut.	*Finistère.*	3
Lannion.	*Côtes-du-Nord.*	10 $\frac{1}{2}$
Lans-le-Bourg.	*Mont-Blanc.*	151
Laon.	*Aisne.*	86
Lannoy.	*Ardennes.*	96
Lauterbourg.	*Bas-Rhin.*	134
Lauretto. (*Italie.*)	*Musone.*	259 $\frac{1}{2}$
Laval.	*Mayenne.*	44
Laval.	*Rhône.*	123
Lavenza.	*Appenins.*	204
Laye.	*Meuse.*	165
Lectoure.	*Gers.*	100 $\frac{1}{2}$
Leguevin.	*Haute-Garonne.*	110
Leipsick.	Allemagne.	169
Lempde.	*Haute-Loire.*	107
Lens.	*Pas-de-Calais.*	79 $\frac{1}{2}$
Léon. (*Espagne*)	Royaume de Léon.	193
Lerici.	*Appenins.*	202 $\frac{1}{2}$
Lescale.	*Basses-Alpes.*	152
Lesneven.	*Finistère.*	2 $\frac{1}{2}$

	Département.	Myriamèt.
Lestelle.	*Basses-Pyrennées.*	104 ½
Lestrelles.	*Var.*	170
Leybach.	Allemagne.	270
Leuze.	*Jemmappe.*	86 ½
Levier.	*Doubs.*	129
Levignon.	*Oise.*	77
Lezoux.	*Puy-de-Dôme.*	107 ½
Libourne.	*Gironde.*	76
Liège.	*Ourthe.*	115
Lieusain.	*Sambre et Marne.*	73 ½
Liffré.	*Ile et Vilaine.*	31 ½
Lignéville.	*Vosges.*	110 ½
Ligny.	*Meuse.*	101 ½
Lille.	*Nord.*	83
Lilliers.	*Pas-de-Calais.*	79 ½
Limoges.	*Haute-Vienne.*	80 ½
Limone.	*Rhin.*	123 ½
Limon.	*Du Pó.*	180
Limonet.	*Rhône.*	126 ½
Lingueville.	*Oise.*	74 ½
Lintz.	Bavière.	233
Lire.	*Eure.*	57
Lisbonne.	Portugal.	263
Lisieux.	*Calvados.*	48
Livourne.	*Méditerranée.*	222
Lobinet.	*Cantal.*	111
Locronan.	*Finistère.*	4 ¼
Loches.	*Indre et Loire.*	64 ½

Loge. (la)	*Loire et Cher.*	81 ½
Loges. (les grandes)	*Marne.*	90 ½
Logis-de-Rey.	*Lozère.*	128
Logis-Neuf.	*Ain.*	125 ¼
Logis-Neuf.	*Rhône.*	122 ½
Lokeren.	*Escaut.*	93 ½
Lominé.	*Morbihan.*	21 ½
Longchamp.	*Marne.*	95
Longeau.	*Haute-Marne.*	109
Longueville.	*Oise.*	71 ½
Longuyon.	*Meuse.*	103 ½
Longwy.	*Moselle.*	105 ½
Lonjumeau.	*Seine et Oise.*	72
Lonny.	*Ardennes.*	100
Lons-le-saulnier.	*Jura.*	118
Lorient.	*Morbihan.*	17
Loriol.	*La Drôme.*	138 ½
Lottier.	*Indre.*	75
Loudéac.	*Côtes-du-Nord.*	22
Loudrefing.	*Meurthe.*	114 ½
Louisbourg.	Allemagne.	143
Loupe. (la)	*Eure et Loir.*	56
Lourdes.	*Hautes-Pyrennées.*	106 ½
Loury.	*Loiret.*	75
Louvain.	*La Dyle.*	96 ½
Louviers.	*Eure.*	59
Louvigné.	*Ile et Vilaine.*	33 ½
Lowitz.	*Prusse.*	182

F

Louvres.	*Seine et Oise.*	72 ½
Lubeck.	*Bouches de l'Elbe.*	183
Luc. (le)	*Var.*	161
Luçon.	*Vendée.*	45
Lucques.	*Mediterranée.*	214
Lucy-le-bois.	*Yonne.*	96
Lude. (le)	*Sarthe.*	54 ½
Luiset. (le)	*Léman.*	133 ½
Lumbin.	*Isère.*	137
Lunel.	*Hérault.*	141
Lunéville.	*Meurthe.*	112 ½
Lure.	*Haute-Saône.*	170
Lusignan.	*La Vienne.*	58
Lutzerath.	*Rhin et Moselle.*	116
Luxembourg.	*Des Foréts.*	103 ½
Luynes.	*Indre et Loire.*	57 ½
Luzarches.	*Seine et Oise.*	73
Lyon.	*Rhône.*	122

Macau.	*Gironde.*	79
Macerata. (*Italie*)	*Musone.*	259 ½
Macon.	*Saône et Loire.*	123 ½
Madeleine-du-perron. (la)	*Lot.*	108

	Département	Myriamèt.
Madrid. (*Espagne.*)	Nouvelle Castille.	192 $\frac{1}{2}$
Maestricht.	*Meuse inférieure.*	117
Magdebourg.	Allemagne.	193
Magistère. (la)	*Lot et Garonne.*	97 $\frac{1}{2}$
Magnac.	*Haute-Vienne.*	85
Magny.	*Nièvre.*	93 $\frac{1}{2}$
Magny.	*Seine et Oise.*	65
Magny-Guiscard.	*Oise.*	83
Maillat.	*Ain.*	131
Mailleraie. (la)	*Seine inférieure.*	59
Mailly.	*Marne.*	93
Maintenon.	*Eure et Loir.*	60
Maison-blanche. (la)	*Saône et Loire.*	125 $\frac{1}{2}$
Maisons-blanches. (les)	*Deux Sèvres.*	67
Maisoncelles.	*Calvados.*	40
Maison-Neuve. (la)	*Côte-d'Or.*	100 $\frac{1}{2}$
Maison-Neuve.	*Haute-Saône.*	118 $\frac{1}{2}$
Maison-Neuve.	*Jura.*	122 $\frac{1}{2}$
Maison-Rouge. (la)	*Seine et Marne.*	79 $\frac{1}{2}$
Maison-Rouge. (la)	*Haute-Vienne.*	86
Malaga (*Espagne*)	Royaume de Grenade	246
Malauze.	*La Drôme*	102
Malesherbes.	*Loiret.*	79 $\frac{1}{2}$
Malines.	*Deux Nèthes.*	96
Malmaison.	*Des Forêts.*	97
Maltaverne.	*Mont-Blanc.*	136 $\frac{1}{2}$
Mamers.	*Sarthe.*	49 $\frac{1}{2}$
Mandres.	*Haute-Marne.*	103 $\frac{1}{2}$

	Département.	Myriamèt.
Manheim.	Mont-Tonnerre.	130 $\frac{1}{2}$
Manheule.	Meuse.	100 $\frac{1}{2}$
Mans. (le)	Sarthe.	53
Mansle.	Charente.	71
Mantes.	Seine et Oise.	62
Mantoue. (*Italie*)	Du Haut-Pô.	213
Mantry.	Jura.	116 $\frac{1}{2}$
Marans.	Vendée.	49 $\frac{1}{2}$
Maraye.	Aisne.	89
Marche.	Sambre et Meuse.	109
Marché-le-Pot.	Somme.	73
Marché-Neuf.	Eure.	51
Markolsheim.	Bas-Rhin.	130
Marle.	Aisne.	88 $\frac{1}{2}$
Marennes.	Charente inférieure	57
Marmande.	Lot et Garonne.	87 $\frac{1}{2}$
Marolles.	Eure et Loir.	61 $\frac{1}{2}$
Marquise.	Pas-de-Calais.	78 $\frac{1}{2}$
Marseille.	Bouch.-du-Rhône.	155 $\frac{1}{2}$
Marseille.	Oise.	69 $\frac{1}{2}$
Mars-la-Tour.	Moselle.	103
Martigues.	Bouch.-du-Rhône.	155 $\frac{1}{2}$
Martigné.	Mayenne.	46
Martigny.	Vosges.	107 $\frac{1}{2}$
Maseyck.	Meuse inférieure.	121
Maslay-le-Petit.	Yonne.	84
Massay.	Du Cher.	80 $\frac{1}{2}$
Masséré.	Corrèze.	86 $\frac{1}{2}$

	Département.	Myriamèt.
Massey	Haute-Vienne.	82
Massiac.	Cantal.	109
Massoulie. (la)	Dordogne.	84 $\frac{1}{2}$
Mattarana.	Appenins.	197
Maubert-Fontaine.	Ardennes.	95 $\frac{1}{2}$
Maubeuge.	Nord.	95 $\frac{1}{2}$
Mauves.	Loire inférieure.	36 $\frac{1}{2}$
Mauzé	Deux Sèvres.	55
Mayenheim.	Haut-Rhin.	128 $\frac{1}{2}$
Mayence.	Mont-Tonnerre.	122 $\frac{1}{2}$
Mayenne.	Mayenne.	40
Meaux.	Seine et Marne.	75
Melgrin.	Finistère.	12
Melun.	Seine et Marne.	74 $\frac{1}{2}$
Memex.	Aveyron.	111 $\frac{1}{2}$
Mende.	Lozère.	122
Menil-Amelot (le)	Seine et Oise.	73
Menil-Azon. (le)	Calvados.	38 $\frac{1}{2}$
Menil-au-Zouf.	Calvados.	41 $\frac{1}{2}$
Menil-Broust (le)	Orne.	48 $\frac{1}{2}$
Menil-Flin.	Meurthe.	114 $\frac{1}{2}$
Menin.	La Lys.	85
Menton.	Alpes maritimes.	188
Mer.	Loiret.	71 $\frac{1}{2}$
Merey.	Doubs.	121 $\frac{1}{2}$
Mery-sur-Seine.	Aube.	86 $\frac{1}{2}$
Mers.	Loire et Cher.	68 $\frac{1}{2}$
Meslay.	Mayenne.	46 $\frac{1}{4}$

	Département.	Myriamèt.
Mesle-sur-Sarthe.	*Orne.*	49 $\frac{1}{2}$
Messine.	Sicile.	388
Metz.	*Moselle.*	106
Meulan.	Seine et Oise.	64
Meximieux.	*Ain.*	131 $\frac{1}{2}$
Meyenheim.	*Haut-Rhin.*	128
Mèze.	*Hérault,*	137
Mezel.	*Basses-Alpes.*	156 $\frac{1}{2}$
Mezières.	*Ardennes.*	98 $\frac{1}{2}$ $\frac{1}{2}$
Miélan.	*Gers.*	108 $\frac{1}{2}$ $\frac{1}{2}$
Milan. (*Italie.*)	*Olana.*	184 $\frac{1}{2}$
Minières. (les)	*La Vienne.*	64
Mionas.	*Mont-Blanc.*	137
Mirambeau.	*Charente inférieure.*	66
Miranda. (*Espagne.*)	Biscaye.	143
Mirande.	*Gers.*	107
Miribel.	*Ain.*	133 $\frac{1}{2}$
Mirecourt.	*Vosges.*	110 $\frac{1}{2}$
Mirepoix.	*Arriège.*	117
Modane.	*Mont-Blanc.*	147
Modène. (*Italie.*)	*Du Panaro.*	218
Moërdick. (le)	*Des deux Nèthes.*	107
Moere. (la)	*Loire inférieure.*	31
Moissac.	*Lot et Garonne.*	100 $\frac{1}{2}$
Moisselles.	*Seine et Oise.*	73
Moisey.	*Côte-d'Or.*	112 $\frac{1}{2}$
Molène.	*Finistère.*	5
Moncontour.	*Côtes-du-Nord.*	19

(55) **Département.** **Myriamét.**

Mondelonge.	*Moselle.*	107
Mondesir.	*Seine et Oise.*	69
Mondovi.	*La Sésia.*	174
Mondrainville.	*Calvados.*	41 $\frac{1}{2}$
Monilflin.	*Meurthe.*	114 $\frac{1}{2}$
Monnoye	*Indre et Loire.*	60 $\frac{1}{2}$
Monpon.	*Dordogne.*	80 $\frac{1}{2}$
Mons.	*Jemmape.*	87 $\frac{1}{2}$
Montabauer.	*Rhin et Moselle.*	126
Montaigu.	*Vendée.*	39
Montargis.	*Loiret.*	83
Montastruc.	*Gers.*	102 $\frac{1}{2}$
Montauban.	*Ile et Vilaine.*	25
Montauban.	*Haute-Garonne.*	104
Montbazon.	*Indre et Loire.*	61 $\frac{1}{2}$
Montbard.	*Côte-d'Or.*	99 $\frac{1}{2}$
Montbert.	*Haute-Garonne.*	112
Montbrisson.	*Loire.*	114
Mont-Cénis.	*Mont-Blanc.*	152 $\frac{1}{2}$
Mont-de-Marsan.	*Des Landes.*	94 $\frac{1}{2}$
Montdidier.	*Somme.*	73 $\frac{1}{2}$
Montebello. (*Italie*)	*De l'Adige.*	215
Montélimart.	*La Drôme.*	141 $\frac{1}{2}$
Montet-aux-Moines. (le)	*Allier.*	102 $\frac{1}{2}$
Montferrat.	*Isère.*	131
Montiéramé.	*Aube.*	93
Montigny.	*Haute-Marne.*	105 $\frac{1}{2}$
Montlandon.	*Eure et Loir.*	60

	Département.	Myriamèt.
Montlieu.	Charente inférieure.	77 $\frac{1}{2}$
Mont-Luçon.	Allier.	97 $\frac{1}{2}$
Mont-luel.	Ain.	135
Mont-Marault.	Allier.	101
Montmédy	Meuse.	101 $\frac{1}{2}$
Montmeillant.	Mont-Blanc.	135
Montmirail.	Marne.	82
Montono.	Alpes maritimes.	185
Montpellier.	Hérault.	141
Montreau.	Seine et Marne.	78 $\frac{1}{2}$
Montreuil-sur-Mer.	Pas-de-Calais.	73
Mont-sous-Vaudrey.	Jura.	116 $\frac{1}{2}$
Mont-Vaudon.	Haute-Saône.	111
Montvert.	Cantal.	96 $\frac{1}{2}$
Montzelfeldt.	Sarre.	112 $\frac{1}{2}$
Mordelles.	Ile et Vilaine.	32
Morette.	Du Pô.	167 $\frac{1}{2}$
Morfontaine.	Oise.	74
Moreuil.	Somme.	75 $\frac{1}{2}$
Moreilles.	Vendée.	47 $\frac{1}{2}$
Morey.	Jura.	125
Morlaix.	Finistère.	6 $\frac{1}{2}$
Morman.	Sambre et Meuse.	76 $\frac{1}{2}$
Mornas.	Vaucluse.	147
Mortagne.	Orne.	51 $\frac{1}{2}$
Mortain.	Manche.	37 $\frac{1}{2}$
Mortarre.	Italie.	181
Morterol.	Haute-Vienne.	83 $\frac{1}{2}$

	Département.	Myriamèt.
Mortrée. (Grande)	*Orne.*	51
Morvilette.	*Eure et Loir.*	59
Motte-Bayenghem. (la)	*Nord.*	81
Motte-Beuvron. (la)	*Loire et Cher.*	77 $\frac{1}{2}$
Motte-Landron. (la)	*Gironde.*	86
Mouchard.	*Jura.*	124 $\frac{1}{4}$
Moulineaux.	*Seine inférieure.*	55
Moulins.	*Allier.*	98 $\frac{1}{2}$
Moult.	*Calvados.*	44 $\frac{1}{2}$
Moux.	*Aude.*	125
Mouzon.	*Ardennes.*	102
Moyenvic.	*Meurthe.*	113
Mucidan.	*Dordogne.*	82 $\frac{1}{2}$
Mulhausen.	*Haut-Rhin.*	125 $\frac{1}{2}$
Munster.	*Yssel supérieur.*	142
Mure. (la)	*Isère.*	139 $\frac{1}{2}$
Munich.	Bavière.	199
Muron.	*Charente inférieure*	58
Murcie. (*Espagne.*)	Royaume de Murcie.	238
Mussy-sur-Seine.	*Aube.*	95
Muy. (le)	*Var.*	164
Muzillac.	*Morbihan.*	25 $\frac{1}{2}$

	Département.	Myriamèt.
Nampont.	Somme.	71 $\frac{1}{2}$
Namur.	Sambre et Meuse.	107 $\frac{1}{2}$
Nancy.	Meurthe.	109 $\frac{1}{2}$
Nangis.	Seine et Marne.	78
Nanterre.	Seine.	69
Nantes.	Loire inférieure.	35
Nanteuil.	Oise.	75 $\frac{1}{2}$
Nantua.	Ain.	132
Naples.	Royaume de Naples.	308
Napoléonville.	Morbihan.	22 $\frac{1}{2}$
Narbonne.	Aude.	129
Nassau.	Rhin et Moselle.	126
Nastetten.	Rhin et Moselle.	127
Navailles.	Des Landes.	100
Nègres. (les)	Charente.	69 $\frac{1}{2}$
Nemours.	Seine et Marne.	78 $\frac{1}{2}$
Neuf-Brissach.	Haut-Rhin.	128
Neuf-Château.	Vosges.	106
Neuf-Châtel.	Sarthe.	48 $\frac{1}{2}$
Neuf-Châtel.	Seine inférieure.	62
Neuss.	La Roër.	119 $\frac{1}{2}$
Neustadt.	Allemagne.	175
Neustadt.	Mont-Tonnerre.	128 $\frac{1}{2}$
Neuve-saint-Amand.	Loire et Cher.	64 $\frac{1}{2}$
Neuville. (la)	Haute-Marne.	101
Neuvy.	Nièvre.	90
Nevers.	Nièvre.	92
Nice.	Alpes maritimes.	179
Nider-Bronn.	Bas-Rhin.	121

	Département.	Myriamèt.
Nimègue.	*La Roër.*	140
Niort.	*Deux Sèvres.*	52
Nismes.	*Gard.*	138
Nissan.	*Hérault.*	131
Nivelles.	*La Dyle.*	108 $\frac{1}{2}$
Noailles.	*Oise.*	169
Nogent-le-Rotrou.	*Eure et Loir.*	62 $\frac{1}{2}$
Nogent-sur-Seine.	*Aube.*	83
Nogent-sur-Vernisson.	*Loiret.*	85
Noiremoutiers.	*Vendée.*	41
Noiremont.	*Oise.*	69 $\frac{1}{2}$
Noirétable.	*Loire.*	109
Nomeny.	*Meurthe.*	109 $\frac{1}{2}$
Nonancourt	*Eure.*	58 $\frac{1}{2}$
Nonant.	*Orne.*	51
None.	*Du Pô.*	165 $\frac{1}{2}$
Nord-Libre.	*Nord.*	84 $\frac{1}{2}$
Norges-le-Pont.	*Côte-d'Or.*	168
Nouvion.	*Somme.*	70
Novare. (*Italie.*)	*Olana*	176
Novi.	*De Gênes.*	179
Noyal.	*Ile et Vilaine.*	31
Noyon.	*Oise.*	81 $\frac{1}{2}$
Nozay.	*Loire inférieure.*	37 $\frac{1}{2}$
Nuaillé.	*Charente inférieure*	51
Nuits.	*Côte-d'Or.*	109 $\frac{1}{2}$
Nuremberg.	*Allemagne.*	154
Nymwegen.	*La Roër.*	140

	Département.	Myriamèt.
Obernheim.	*Bas-Rhin.*	124
Odensée.	Dannemarck.	212 $\frac{1}{2}$
Ogersheim.	*Mont-Tonnerre.*	129 $\frac{1}{2}$
Olmutz.	Autriche.	286
Osmonville.	*Seine inférieure.*	62
Ondres.	*Des Landes.*	107
Oneille.	*Montenotte.*	88 $\frac{1}{2}$
Oppenheim.	*Mont-Tonnerre.*	124 $\frac{1}{2}$
Orange.	*Vaucluse.*	146 $\frac{1}{2}$
Orbeval.	*Marne.*	93
Orbey.	*Haut-Rhin.*	121 $\frac{1}{2}$
Orchamps	*Jura.*	114
Orchies.	*Nord.*	82 $\frac{1}{2}$
Orey.	*La Roër.*	116 $\frac{1}{2}$
Orfingo.	*La Sésia.*	174
Orgon.	*Bouches-duRhône.*	145 $\frac{1}{2}$
Origny.	*Aisne.*	87
Orléans.	*Loiret.*	73
Orméa.	*Montenotte.*	81 $\frac{1}{2}$
Ormes. (les)	*La Vienne.*	66 $\frac{1}{2}$
Ornans.	*Doubs.*	123 $\frac{1}{2}$
Orogne.	*Basses-Pyrennées.*	113
Orthès.	*Basses-Pyrennées.*	105 $\frac{1}{2}$
Osnabruck.	*Ems supérieur.*	149
Ostende.	*La Lys.*	90
Osterzeele.	*Escaut.*	93
Osthein.	*Haut-Rhin.*	125 $\frac{1}{2}$
Osmonville.	*Seine inférieure.*	62

	Département	Myriamèt.
Otrante.	Royaume de Naples.	367
Oulchy-le-Château.	*Aisne.*	78
Ouessant.	*Finistère.*	5
Oulme.	*Vendée.*	$49\frac{1}{2}$
Ouadreche.	*Escaut.*	$93\frac{1}{2}$
Oviédo. (*Espagne.*)	*Asturies.*	207
Pacaudière. (la)	*Loire.*	$108\frac{1}{2}$
Pacé.	*Ile et Vilaine.*	28
Pacy.	*Eure.*	$58\frac{1}{2}$
Padoue. (*Italie.*)	*De la Brenta.*	$222\frac{1}{2}$
Paillasse. (la)	*Drôme.*	137
Paimpol.	*Côtes-du-Nord.*	15
Pain-Bouchain.	*Loire.*	$115\frac{1}{2}$
Painbœuf.	*Loire inférieure.*	39
Palencia. (*Espagne.*)	Royaume de Léon.	$165\frac{1}{2}$
Palisse. (la)	*Allier.*	105
Palissons. (les)	*Dordogne.*	$89\frac{1}{2}$
Palizeul.	*Des Forêts.*	104
Palud (la)	*Vaucluse.*	$145\frac{1}{2}$
Pamiers.	*Arriège.*	116
Pampelune. (*Espagne.*)	Roya^{me}. de Navarre.	122
Papendrecht.	*Bouch.-du-Rhin.*	$116\frac{1}{2}$

	Département.	Myriamèt.
Paris.	*Seine.*	70
Parme.	Italie.	197
Paroy.	*Aisne.*	82
Passage (le)	*Charente inférieure.*	54
Pau.	*Basses-Pyrennées.*	101 $\frac{1}{2}$
Pauvre.	*Ardennes.*	93
Pavie.	Italie.	186
Péage-de-Rousillon	*Hérault.*	128 $\frac{1}{2}$
Pélerine (la)	*Mayenne.*	36
Penmarch.	*Finistère.*	15
Périers.	*Manche.*	39
Périgueux.	*Dordogne.*	86 $\frac{1}{2}$
Pernes.	*Pas-de-Calais.*	78
Péronne.	*Somme.*	75
Perpignan.	*Pyrennées orient[les].*	136 $\frac{1}{2}$
Perros.	*Côtes-du-Nord.*	11 $\frac{1}{2}$
Pest.	Hongrie.	300
Peteghem.	*La Lys.*	88 $\frac{1}{2}$
Peter-Waradin.	Hongrie.	338 $\frac{1}{2}$
Petignac.	*Charente.*	71 $\frac{1}{2}$
Petersbourg.	Russie.	289
Petites-Loges (les)	*Marne.*	91 $\frac{1}{2}$
Peubru.	*Puy-de-Dôme.*	107 $\frac{1}{2}$
Peyrac.	*Lot.*	97 $\frac{1}{2}$
Peyrehorade.	*Des Landes.*	106
Peyrolles.	*Vaucluse.*	153 $\frac{1}{2}$
Pezenas.	*Hérault.*	134 $\frac{1}{2}$
Pezou.	*Loire et Cher.*	67 $\frac{1}{2}$

(63) **Département.** **Myriamét.**

Phàlsbourg.	*Bas-Rhin.*	118
Philippeville.	*Ardennes.*	99 $\frac{1}{2}$
Picquigny.	*Somme.*	71 $\frac{1}{2}$
Pierre-Buffière.	*Haute-Vienne.*	83 $\frac{1}{2}$
Pierre-Ecrite.	*Côtes-d'Or.*	102 $\frac{1}{2}$
Pierrefite.	*Hautes-Pyrennées.*	109
Pierre-Percée. (la)	*Allier.*	102 $\frac{1}{2}$
Pietra. (la)	*Montenotte.*	201 $\frac{1}{2}$
Pignans.	*Var.*	163
Pignerol.	*Du Pó.*	167 $\frac{1}{2}$
Pin (le)	*Bouch.-du-Rhône.*	153 $\frac{1}{2}$
Pithiviers.	*Loiret.*	77 $\frac{1}{2}$
Pitthem.	*La Lys.*	93
Pizzighitone.	Italie.	194 $\frac{1}{2}$
Places. (les)	*Lot*	102 $\frac{1}{2}$
Plabennec.	*Finistère.*	1 $\frac{1}{2}$
Plancouet.	*Côtes-du-Nord.*	22
Plaisance.	Italie.	191
Pleiberchrist.	*Finistère.*	5 $\frac{1}{2}$
Pletan.	*Ile et Vilaine.*	30 $\frac{1}{2}$
Plestin.	*Côtes-du-Nord.*	8 $\frac{1}{2}$
Ploermel.	*Morbihan.*	27 $\frac{1}{2}$
Plogoff.	*Finistère.*	14
Plomelin.	*Finistère.*	10
Plomeur.	*Finistère.*	11
Ploneour.	*Finistère.*	10 $\frac{1}{2}$
Pleyben.	*Finistère.*	6
Plougonvelin.	*Finistère.*	7 $\frac{1}{2}$

	Département.	Myriamèt.
Ploudalmezeau.	*Finistère.*	3
Ploudaniel.	*Finistère.*	3
Plouescat.	*Finistère.*	4 $\frac{1}{2}$
Plouguernçau.	*Finistère.*	6
Plouzané.	*Finistère.*	1
Plougastel.	*Finistère.*	1
Plogastel, près Quimper.	*Finistère.*	9
Plombières.	*Vosges.*	117 $\frac{1}{2}$
Pointe-saint-Sulpice. (la)	*Haute-Garonne.*	114
Poirin.	*Du Pô.*	166 $\frac{1}{2}$
Poitiers.	*La Vienne.*	61 $\frac{1}{2}$
Poix.	*Somme.*	72
Polich.	*Rhin et Moselle.*	120
Poligny.	*Jura.*	118 $\frac{1}{2}$
Pondusval.	*Finistère.*	4
Pompidou. (le)	*Lozère.*	129 $\frac{1}{2}$
Pons.	*Charente inférieure.*	63
Pont-à-Marcq.	*Nord.*	83
Pont-à-Mousson.	*Meurthe.*	108 $\frac{1}{2}$
Pont-à-Tressan.	*Nord.*	84 $\frac{1}{2}$
Pontarion.	*Creuze.*	87 $\frac{1}{2}$
Pontarlier.	*Doubs.*	127 $\frac{1}{2}$
Pont-au-Demer.	*Eure.*	51
Pont-au-Mur.	*Puy-de-Dôme.*	97
Pont-Chartrain.	*Seine et Oise.*	65 $\frac{1}{2}$
Pont-Château.	*Loire inférieure.*	29 $\frac{1}{2}$
Pont-Croix.	*Finistère.*	12 $\frac{1}{2}$
Pont-de-Beauvoisin.	*Isère.*	131

	Département.	Myriamèt.
Pont-de-Pany.	Côte-d'Or.	106
Pont-de-Rodes.	Lot.	100
Pont-de-somme-Vesle.	Marne.	91
Pontgand.	Côtes-du-Nord.	20 $\frac{1}{2}$
Pont-Gibaud.	Puy-de-Dôme.	99
Pont-Guillemet.	Morbihan.	24 $\frac{1}{2}$
Pontivy.	Morbihan.	18
Ponthierry.	Seine et Marne.	74 $\frac{1}{2}$
Pont-l'Abbé.	Finistère.	10 $\frac{1}{2}$
Pont-l'Évêque.	Calvados.	5($\frac{1}{2}$
Pont-National.	Bouch.-du-Rhône.	147 $\frac{1}{2}$
Pontoise.	Seine et Oise.	68 $\frac{1}{2}$
Pontons.	Des Landes.	99 $\frac{1}{2}$
Pontorson.	Manche.	28 $\frac{1}{2}$
Pontou (le)	Finistère.	8 $\frac{1}{2}$
Pontreau (le)	Charente.	62
Pontrieux.	Côtes-du-Nord.	15
Pont-saint-Esprit. (le)	Gard.	146 $\frac{1}{2}$
Pont-saint-Hilaire.	Lot et Garonne.	93 $\frac{1}{2}$
Pont-Saint-Maxence.	Oise.	76 $\frac{1}{2}$
Pont-Saint-Allier.	Puy-du-Dôme.	103
Pont-sur-Seine.	Aube.	84
Pont-sur-Yonne.	Yonne.	81 $\frac{1}{2}$
Porentruy.	Haut-Rhin.	128
Port-à-Binson.	Marne.	84 $\frac{1}{2}$
Port-Liberté.	Morbihan.	18
Port-la-Vallée.	Mayenne et Loire.	48
Port-Maurice.	Montenotte.	194

	Département.	Myriamèt.
Portsal.	*Finistère.*	3 ½
Port-Sainte-Marie.	*Lot et Garonne.*	92
Pootspoder.	*Finistère.*	3
Port-Saint-Ouen.	*Seine inférieure.*	61
Port-Sur-Seine.	*Haute-Saône.*	115
Port-Vendre.	*Pyrennées orient^{les}.*	140 ½
Posen.	Pologne.	152 ½
Poteau (le)	*Gironde.*	89
Pougues.	*Nièvre.*	96 ½
Pouillac.	*Gironde.*	82 ½
Pouillé.	*Vendée.*	46 ½
Pouilly.	*Nièvre.*	90 ½
Poussat (le)	*Lot.*	102
Poux (le)	*Creuze.*	93
Pouxeux.	*Vosges.*	115 ½
Prague.	Bohême.	197 ½
Prauthoy.	*Haute-Marne.*	110 ½
Pré-en-Paille.	*Mayenne.*	44
Presbourg.	Hongrie.	268
Provins.	*Seine et Marne.*	81
Pugère (la grande).	*Bouch.-du-Rhóne.*	154 ½
Pulich.	*Rhin et Moselle.*	120
Puiseux.	*Oise.*	70 ½
Puits-La-Lande.	*Loiret.*	84
Puttelange.	*Moselle.*	113
Puy (le)	*Haute-Loire.*	116
Puyoo	*Basses-Pyrennées.*	104

	Département.	Myriamèt.
Quadrecht.	*Escaut.*	97 $\frac{1}{2}$
Quaregnon.	*Jemmape.*	88
Querasc.	*La Stura.*	169 $\frac{1}{2}$
Quesnoy. (le)	*Nord.*	93 $\frac{1}{2}$
Queue. (la)	*Seine et Oise.*	64
Quevauvilliers.	*Somme.*	72
Quiberon.	*Morbihan.*	24
Quiers.	*Du Pô.*	166 $\frac{1}{2}$
Quievrain.	*Jemmappe.*	86 $\frac{1}{2}$
Quimper.	*Finistère.*	9
Quimperlé.	*Finistère.*	14 $\frac{1}{2}$
Quingey.	*Doubs.*	122 $\frac{1}{2}$
Quinson.	*Var.*	162 $\frac{1}{2}$
Quintin.	*Côtes-du-Nord.*	16 $\frac{1}{2}$
Quissac.	*Gard.*	165 $\frac{1}{2}$
Raab.	Hongrie.	280
Rabasteins.	*Hautes-Pyrennées.*	108 $\frac{1}{2}$
Raconis.	*Du Pô.*	167 $\frac{1}{2}$
Ragoneau.	*Gironde.*	69 $\frac{1}{2}$
Rambouillet.	*Seine et Oise.*	62 $\frac{1}{2}$
Raon-l'étape.	*Meurthe.*	116 $\frac{1}{2}$
Ratisbonue.	Bavière.	180
Rappallo.	*Appenins.*	191 $\frac{1}{2}$
Rastadt.	Allemagne.	132

	Département.	Myriam.tt
Recco.	De Génes.	190
Rawa.	Pologne.	280
Reckem.	Meuse inférieure.	110
Recologne.	Doubs.	117 ½
Recousse. (la)	Pas-de-Calais.	80
Redon.	Ile et Vilaine.	28
Reggio. (Italie.)	Du Crostolo.	214
Reggio.	Roya^{me}. de Naple.	388
Regmalard.	Orne.	53 ½
Reignac.	Charente.	74 ½
Reims.	Marne.	88 ½
Remagen.	Rhin et Moselle.	128
Remiremont.	Voges.	117
Renaix.	Escaut.	88 ½
Rennes.	Ile et Vilaine.	30
Réole. (la)	Gironde.	85
Rethel.	Ardennes.	93
Rhinzabern.	Bas-Rhin.	136
Ribay. (le)	Mayenne.	42
Ribecourt.	Oise.	80 ½
Rieutort.	Lozère.	120
Riez.	Basses-Alpes.	160
Riom.	Puy-de-Dôme.	103
Rive-de-Gier.	Loire.	120 ½
Rives.	Isère.	132
Rivière-Tibouville. (la)	Eure.	52 ½
Rivoli.	Du Pô.	162
Roanne.	Loire.	112

	Département.	Myriamèt.
Roche. (la)	*Vosge.*	118 $\frac{1}{2}$
Roche-Bernard. (la)	*Morbihan.*	27 $\frac{1}{2}$
Roche-en-Berny.	*Côte-d'Or.*	100
Rochefort.	*Charente inférieure.*	56
Rochefoucault. (la)	*Charente.*	71
Rochelle. (la)	*Charente inférieure*	52 $\frac{1}{2}$
Rocroy.	*Ardennes.*	102
Roc-Saint-André.	*Morbihan.*	26 $\frac{1}{2}$
Romans.	*La Drôme.*	137 $\frac{1}{2}$
Rome.	*Du Tibre.*	273 $\frac{1}{2}$
Ronchamps.	*Haute-Saône.*	121 $\frac{1}{2}$
Rondizonne.	*La Dora.*	167 $\frac{1}{2}$
Roodt.	*Des Fôrets.*	105
Roquefort.	*Des Landes.*	91 $\frac{1}{2}$
Rorbach.	*Moselle.*	116 $\frac{1}{2}$
Roscoff.	*Finistère.*	6
Rosiers. (les)	*Maine et Loire.*	49
Rosporden.	*Finistère.*	11 $\frac{1}{2}$
Rostock.	Allemagne.	196
Rosternen.	*Côtes-du-Nord.*	12
Rotterdam.	*Bouch. de la Meuse*	111
Roudun.	*Ile et Vilaine.*	34
Roue. (la)	*Indre et Loir.*	58 $\frac{1}{2}$
Rouen.	*Seine inférieure.*	57
Roville.	*Meurthe.*	112 $\frac{1}{2}$
Roulans.	*Doubs.*	121 $\frac{1}{2}$
Roulet. (le)	*Charente.*	70 $\frac{1}{2}$
Roupy.	*Aisne.*	85 $\frac{1}{2}$

Rourebeau.	*Hautes-Alpes.*	148 ½
Rousbrugge.	*Nord.*	83
Rouvray.	*Côte-d'Or.*	94
Royan.	*Charente inférieure.*	58
Roye.	*Somme.*	71
Rozières-en-haye.	*Meurthe.*	108
Ruffet.	*Charente.*	68 ½
Rumilly	*Mont-Blanc.*	138 ½
Ruremonde.	*Meuse inférieure.*	123

Sables d'Olodne.	*Vendée.*	45
Sablé.	*Sarthe.*	49
Sailhac.	*Corrèze.*	90 ½
Sailly.	*Somme.*	76 ½
Saintes.	*Charente inférieure.*	60 ½
Salamanque. (*Espagne*).	Royaume de Léon.	188 ½
Salbris.	*Loire et Cher.*	80
Salces.	*Haute-Saône.*	118
Salces.	*Pyrennées orient[les].*	134 ½
Salerne.	Roya[me]. de Naples.	317
Salins.	*Jura.*	125
Sallershut.	*Rhin et Moselle.*	118
Salsburg.	Bavière.	237 ½

	Département.	Myriamèt.
Saluces.	*Du Pô.*	170 ½
Salvagny.	*Rhone.*	120 ½
Samers.	*Pas-de-Calais.*	75 ½
Samoigneux.	*Meuse.*	102
Saragosse. (*Espagne.*)	Roya^{me}. d'Arragon.	144 ½
Sarreguemenes.	*Moselle.*	114 ½
Sarrebourg.	*Meurthe.*	117
Sarrebruck.	*Sarre.*	114 ½
Sarre-libre.	*Moselle.*	114
Sarre-union.	*Bas-Rhin.*	115
Sarzane.	*Appenins.*	204
Saudron.	*Haute-Marne.*	101
Saudrupt..	*Meuse.*	98
Saulce. (la)	*Hautes-Alpes.*	147
Saumur.	*Mayenne et Loir.*	51
Saulieu.	*Côte-d'Or.*	101 ½
Saulx.	*Haute-Saône.*	118
Saverne.	*Bas-Rhin.*	119 ½
Savenay.	*Loire inférieure.*	31
Savillan.	*Du Pô.*	172
Savonne.	*Montenotte.*	196 ½
Sauviat.	*Haute-Vienne.*	85
Scarène.	*Alpes maritimes.*	181
Schelestat.	*Haut-Rhin.*	124
Schleswig.	Dannemarck.	190
Sedan.	*Ardennes.*	101
Séez.	*Orne.*	49 ½
Ségovie. (*Espagne*)	Vieille Castille.	180 ½

	Département.	Myriamèt
Seine. (la)	*Var.*	163
Semlim.	Hongrie.	349 $\frac{1}{2}$
Semur.	*Côte-d'Or.*	101
Senlis.	*Oise.*	75
Sennecy.	*Saône et Loire.*	118 $\frac{1}{2}$
Sens.	*Yonne.*	83
Septeuil.	*Seine et Oise.*	65 $\frac{1}{2}$
Sequehart.	*Aisne.*	87 $\frac{1}{2}$
Serraval.	*De Génes,*	183 $\frac{1}{2}$
Serverette.	*Lozère.*	118 $\frac{1}{2}$
Settimo.	*Du Pô.*	165
Settimo-Villon.	*La Dora.*	171
Seurre.	*Côte-d'Or.*	114
Séville (*Espagne.*)	Andalousie.	254
Sèvre.	*Seine et Oise.*	71
Sibiril.	*Finistère.*	5
Siegbourg.	*La Roër.*	131 $\frac{1}{2}$
Sienne.	*De l'Ambone.*	243
Sierentz	*Haut-Rhin.*	127 $\frac{1}{2}$
Sigeau.	*Aude.*	131 $\frac{1}{2}$
Sillery.	*Marne.*	89 $\frac{1}{2}$
Simplon.	*Du Simplon.*	162
Simmern.	*Rhin et Moselle.*	116
Sion.	*Du Simplon.*	150
Sisteron.	*Basses-Alpes.*	150
Sivry-Sur-Meuse.	*Meuse.*	101
Soissons.	*Aisne.*	82
Sologne.	*Moselle.*	216

 Département   Myriamèt.

	Département	Myriamèt.
Solliés.	*Var.*	165
Soire-Le-Château.	*Nord.*	95
Sombref.	*La Dyle.*	106 ½
Sommariva.	*Marengo.*	167 ½
Sommières.	*Gard.*	137 ½
Son (le)	*Creuze.*	94 ½
Soria (*Espagne.*)	Vieille Castille.	148
Sorgnes.	*Vaucluse.*	144 ½
Sorigny.	*Indre et Loire.*	62 ½
Sospello.	*Alpes maritimes.*	183
Souchet.	*Pas-de-Calais.*	79
Souchons (les)	*Isère.*	140 ½
Sourdeval	*Manche.*	38
Souillac.	*Lot.*	92 ½
Souvigny.	*Allier.*	100
Spa.	*Ourthe.*	120 ½
Spézia (la)	*Appennins.*	201
Spoletto.	*Trasimène.*	259
Spincourt.	*Meuse.*	102
Spire.	*Mont-Tonnerre.*	132
Stazana.	*Appennins.*	202 ½
Steinfort.	*Des Forêts.*	101 ½
Stettin.	Prusse.	218
Stenay.	*Meuse.*	100
Stralsund.	Prusse.	205
Strasbourg.	*Bas-Rhin.*	125
Stutgard.	Allemagne.	145 ½
Stockholm.	Suède.	264

I

	Département.	Myriamèt.
Suette.	Mayenne et Loire.	48
Sultz.	Bas-Rhin.	135
Surgères.	Charente inférieure.	56 $\frac{1}{2}$
Suze.	Du Pô.	155 $\frac{1}{2}$
Suzennecourt.	Marne.	99 $\frac{1}{2}$
Saint-Albin.	Saône et Loire.	121 $\frac{1}{2}$
Saint-Amand.	Nord.	84 $\frac{1}{2}$
Saint-Amour.	Jura.	122 $\frac{1}{2}$
Saint-Ander. (*Espagne*)	Asturies.	173 $\frac{1}{2}$
Saint-Andiol.	Vaucluse.	145 $\frac{1}{2}$
Saint-Antonin.	Du Pô.	159
Saint-Aubin.	Gironde.	67 $\frac{1}{2}$
Saint-Aubin.	Meuse.	102 $\frac{1}{2}$
Saint-Aubin sur-Alget.	Calvados.	46 $\frac{1}{2}$
St.-Aubin-du-Cormier.	Ile et Vilaine.	32 $\frac{1}{2}$
Saint-Avit.	Puy-de-Dôme.	95 $\frac{1}{2}$
Saint-Avold.	Moselle.	111
Saint-Ay.	Loiret.	71 $\frac{1}{2}$
Saint-Brice.	Ile et Vilaine.	83 $\frac{1}{2}$
Saint-Brieux.	Côtes-du-Nord.	16 $\frac{1}{2}$
Saint-Bris.	Yonne.	92 $\frac{1}{2}$
Saint-Canat.	Bouches-duRhône.	149 $\frac{1}{2}$
Saint-Chamont.	Loire.	116 $\frac{1}{2}$
Saint-Chely.	Lozère.	116 $\frac{1}{2}$
Saint-Denis.	Sarthe.	45 $\frac{1}{2}$
Saint-Denis.	Seine.	71
Saint-Donino.	Italie.	195
Saint-Diey.	Meurthe.	118 $\frac{1}{2}$

	Département.	Myriamèt.
Saint-Dizier.	*Meuse.*	96 ½
Saint-Eloysvife.	*Nord.*	87 ½
Saint-Emilan.	*Saône et Loire.*	108 ½
Saint-Etienne-des-Bois.	*Jura.*	124 ½
Saint-Etienne-en-Forez.	*Loire.*	117 ½
Saint-Florentin.	*Yonne.*	91 ½
Saint-Flour.	*Cantal.*	112 ½
Saint-Fous.	*Isère.*	123
Saint-Fulgent.	*Vendée.*	41
Saint-Genis.	*Charente inférieure*	64 ½
Saint-Genis-Laval.	*Rhône.*	121
Saint-Genis.	*Léman.*	133
Saint-Georges.	*Seine et Marne.*	73 ½
Saint-Georges.	*Du Pô.*	157
Saint-Georges-sur-Loire.	*Maine et Loire.*	43 ½
Saint-Georges-d'Aurat.	*Haute-Loire.*	111
Saint-Géours.	*Des Landes.*	103
Saint-Gérand-le-Puy.	*Allier.*	104
Saint-Germain-de-Joux.	*Ain.*	133 ½
Saint-Germain-en-Laye.	*Seine et Oise.*	67
Saint-Germain-Lambron.	*Puy-du-Dôme.*	106
St.-Germain-les-Couilly.	*Seine et Marne.*	76
Saint-Germain.	*La Sésia.*	171
St.-Germain-l'Espinasse.	*Loire.*	110
Saint-Gervasy.	*Gard.*	141
Saint-Giort.	*Du Pô.*	157
Saint-Goard.	*Rhin et Moselle.*	121 ½
Sainte-Goburge.	*Orne.*	53

	Département.	Myriamèt.
Saint-Hermand.	*Vendée.*	45 ½
Saint-Hilaire.	*Manche.*	35 ½
Saint-Hypolite.	*Charente inférieure.*	57
Saint-Hylario.	*Italie.*	196 ½
Saint-Imbert.	*Nièvre.*	96
Saint-Jean de-Luz.	*Basses-Pyrennées.*	111 ½
Saint-Jean-d'Angely.	*Charente inférieure.*	60
St.-Jean-de-Manrienne.	*Mont-Blanc.*	142 ½
Saint-Jean-des-Murgers.	*Orne.*	55 ½
St.-Jean-Pied-de-Port.	*Basses-Pyrennées.*	109
St.-Jean-les-deux-Jum[eaux]	*Seine et Marne.*	76 ½
St.-Jean-de-Cardoningue.	*Gard.*	132
Saint-Jory.	*Haute-Garonne.*	108
Saint-Junien.	*Haute-Vienne.*	77
Saint-Just.	*Oise.*	72 ½
St. Juste-en-Chevalet.	*Puy-de-Dôme.*	109 ½
Saint-Laurent-des-Mûres.	*Isère.*	124
Saint-Léger.	*Saône et Loire.*	110
Saint-Léonard.	*Haute-Vienne.*	83 ½
Saint-Lô.	*Manche.*	40 ½
Saint-Maixent.	*Deux Sèvres.*	54 ½
Sainte-Marie-aux-Mines.	*Vosges.*	121 ½
Saint-Mâlo.	*Ile et Vilaine.*	27
Saint-Marc.	*Côte-d'Or.*	99 ½
Saint-Marcellin.	*Isère.*	136
St.-Martin-d'Estreaux.	*Loire.*	107
Saint-Martin.	*Du Pô.*	154
Sainte-Maure.	*Indre et Loire.*	64 ½

	Département.	Myriamèt.
Saint-Mars-la-Bruyère.	*Sarthe.*	59
Saint-Maurice.	*Orne.*	54
Saint-Maurice.	*Vosges.*	123
Saint-Méard.	*Gironde.*	78 $\frac{1}{2}$
Saint-Médard.	*Dordogne.*	78 $\frac{1}{2}$
Sainte-Mennehould.	*Marne.*	94
Sainte-Mère-Église.	*Manche.*	42 $\frac{1}{2}$
Saint-Michel.	*Mont-Blanc.*	144 $\frac{1}{2}$
Saint-Mihiel.	*Meuse.*	103 $\frac{1}{2}$
Saint-Nicolas.	*Escaut.*	95
Saint-Omer.	*Pas-de-Calais.*	78
Saint-Pardoux.	*Gironde.*	75
Saint-Pars.	*Aube.*	91
Saint-Paul-de-Durance.	*Vaucluse.*	150
Saint-Paul-les-Dax.	*Des Landes.*	101
Saint-Pierre.	*Jemmappe.*	91
Saint-Pierre-de-Plesguen.	*Ile et Vilaine.*	25 $\frac{1}{2}$
Saint-Pierre-le-Mouttier.	*Nièvre.*	95
Saint-Pol.	*Pas-de-Calais.*	76 $\frac{1}{2}$
Saint-Pol-de-Léon.	*Finistère.*	5 $\frac{1}{2}$
Saint-Porchaire.	*Charente inférieure.*	58 $\frac{1}{2}$
Saint-Pourçain.	*Allier.*	102 $\frac{1}{2}$
Saint-Quentin.	*Aisne.*	86 $\frac{1}{2}$
Saint-Rambert.	*Hérault,*	130
Saint-Rambert.	*Loire.*	116
Saint-Renan.	*Finistère.*	1 $\frac{1}{2}$
Saint-Remo.	*Alpes maritimes.*	189 $\frac{1}{2}$
Saint-Remy.	*Bouch.-du-Rhóne.*	143 $\frac{1}{2}$

	Département.	Myriamèt.
Saint-Roman.	*Lozère.*	131
Saint-Sauveur.	*Haute-Saône.*	120
Saint-Sauveur.	*Marengo.*	174 $\frac{1}{2}$
St.-Sébastien, (*Espagne*)	*Biscaye.*	121 $\frac{1}{2}$
Saint-Seine.	*Côte-d'Or.*	103 $\frac{1}{2}$
Saint-Servan.	*Ile et Vilaine.*	26 $\frac{1}{2}$
Saint-Sever.	*Calvados.*	35
St. Simphorien-de-Laye.	*Loire.*	114
St.-Simphorien-dOzon.	*Isère.*	124
Saint-Thégonec.	*Finistère.*	5
St.-Tibault-de-Coux.	*Mont-Blanc.*	132 $\frac{1}{2}$
St.-Thiébault.	*Haute-Marne.*	106 $\frac{1}{2}$
Saint-Thiébault.	*Isère.*	134 $\frac{1}{2}$
Saint-Thurien.	*Loire.*	110
Saint-Tropez.	*Var.*	165 $\frac{1}{2}$
Saint-Trond.	*Meuse inférieure.*	119
Saint-Valery.	*Somme.*	64 $\frac{1}{2}$
Saint-Vallier.	*La Drôme.*	131 $\frac{1}{2}$
Saint-Vit.	*Doubs.*	121 $\frac{1}{2}$

	Département.	Myriamèt.
Taillac.	*Gironde.*	80 $\frac{1}{2}$
Tain.	*Drôme.*	133
Talmar.	*Somme.*	72
Tarare.	*Rhône.*	117
Tarascon.	*Bouch.-du-Rhône.*	141 $\frac{1}{2}$
Tarente.	*Roya^{me}. de Naples.*	253 $\frac{1}{2}$
Tarbes.	*Hautes-Pyrennées.*	106 $\frac{1}{2}$
Tartas.	*Des Landes.*	98
Tassenière.	*Jura.*	114 $\frac{1}{2}$
Tavernes. (les)	*Dordogne.*	88
Tavey.	*Haute-Saône.*	126
Tegelen.	*Meuse inférieure.*	125
Telgruc.	*Finistère.*	2 $\frac{1}{2}$
Tellin.	*Sambre et Meuse.*	106 $\frac{1}{2}$
Temple. (le)	*Loire inférieure.*	32 $\frac{1}{2}$
Tende.	*Alpes maritimes.*	183
Terenzo.	*Italie.*	202
Termonde.	*Escaut.*	95
Tertre (le)	*Loire inférieure.*	38
Tête-de-Buch.	*Gironde.*	74
Tête-de-Flandre (la)	*Escaut.*	97
Thal.	*Rhin et Moselle.*	123
Thex.	*Morbihan.*	23 $\frac{1}{4}$
Thiers.	*Puy-de-Dôme.*	106
Thil-le-Châtel.	*Côte-d'Or.*	113
Thilliers (les)	*Eure.*	63
Thionville.	*Moselle.*	108 $\frac{1}{2}$
Thiviers.	*Dordogne.*	88

	Département.	Myriamèt.
Thourout.	*La Lys.*	88 ½
Tillières.	*Eure.*	57
Tinques.	*Pas-de-Calais.*	80
Tirlemont.	*La Dyle.*	98 ½
Tocqueville.	*Seine inférieure.*	65
Tolède, (*Espagne.*)	Nouvelle Castille.	200
Tongres.	*Meuse inférieure.*	103
Tonneins.	*Lot et Garonne.*	89 ½
Tonningen.	Dannemarck.	190
Tonnerre.	*Yonne.*	94 ½
Torenzo.	Italie.	202
Toro , (*Espagne.*)	Royaume de Léon.	177
Tortonne.	*De Génes.*	180 ½
Tostés.	*Seine inférieure.*	60 ½
Toul.	*Meurthe.*	106 ½
Toulon.	*Var.*	163
Toulouse.	*Haute-Garonne.*	110
Tour-de-Salvagny.	*Rhône.*	120 ½
Tour-du-Pain. (la)	*Isère.*	129
Tournay.	*Jemmape.*	84 ½
Tournelle-de-Flandre.	*Rhône.*	126 ½
Tourniquet.	*Des Landes.*	98 ½
Tournus.	*Saône-et-Loire.*	119 ½
Tours.	*Indre et Loire.*	59
Tourves.	*Var.*	157
Toury.	*Eure et Loir.*	71 ½
Trans.	*Ile et Vilaine.*	28
Tréguier.	*Cotes-du-Nord.*	13

	Département.	Myriamèt.
Trémilly.	*Aube.*	95
Trente. (*Italie.*)	*Haut-Adige.*	224
Trèves.	*Sarre.*	108
Trévise. (*Italie.*)	*Adriatique.*	227
Tricherie. (la)	*La Vienne.*	64 $\frac{1}{2}$
Triel.	*Seine et Oise.*	65
Trieste. (*Italie.*)	*Bas-Pô.*	254
Trino.	*La Sésia.*	170 $\frac{1}{2}$
Trois-Brioux.	*Cher.*	87 $\frac{1}{2}$
Trois-Maisons. (les)	*Haut-Rhin.*	130 $\frac{1}{2}$
Trois-Volets. (les)	*Indre et Loire.*	54 $\frac{1}{2}$
Trouling.	*Bas-Rhin.*	116 $\frac{1}{2}$
Troyes.	*Aube.*	89
Troyon.	*Meuse.*	105
Truffarel.	*Du Pô.*	165
Tulle.	*Corrèze,*	92
Tullins.	*Isère.*	133
Turin.	*Du Pô.*	163 $\frac{1}{2}$

	Département.	Myriamè
Udine. (*Italie.*)	*Passarino.*	244
Uberhernn.	*Moselle.*	115
Ulm.	*Allemagne.*	155
Uchau.	*Gard.*	139
Utrecht.	*Zuyderzéé.*	109
Uzerche.	*Corrèze.*	88
Vaire.	*Puy-de-Dôme.*	103
Val-de-Suzon.	*Côte-d'Or.*	104 ½
Valence.	*La Drôme.*	135 ½
Valence. (*Espagne,*)	Roya^{me}. de Valence	231
Valenciennes.	*Nord.*	83
Valenza.	*Maringo.*	177 ½
Valette. (la)	*Charente.*	69
Valignières.	*Gard.*	151
Valines.	*Somme.*	68 ½
Valladolid. (*Espagne.*)	Vieille Castille.	167 ½
Valognes.	*Manche.*	44 ½
Val-Suzon.	*Côte-d'Or.*	104 ½
Vandeuvre.	*Aube.*	94 ½
Vannes.	*Morbihan.*	22 ½
Vantezennau. (la)	*Bas-Rhin.*	130 ½
Varades.	*Loire inférieure.*	41
Varennes.	*Allier.*	102 ½
Varennes.	*Meuse.*	98

	Département.	Myriamèt.
Vasselonne.	*Bas-Rhin.*	121 $\frac{1}{2}$
Vatan.	*Indre.*	76 $\frac{1}{2}$
Vatry.	*Marne.*	91
Vattay. (la)	*Jura.*	127 $\frac{1}{2}$
Vaubadon.	*Calvados.*	43
Vaucouleurs.	*Meuse.*	104 $\frac{1}{2}$
Vaudreuil. (le)	*Eure.*	62 $\frac{1}{2}$
Vaurains.	*Aisne.*	84
Vauxelles.	*Ardennes.*	94 $\frac{1}{2}$
Velaine.	*Meurthe.*	108
Vendôme.	*Loire et Cher.*	66
Venise. (*Italie.*)	*La Brenta.*	230 $\frac{1}{2}$
Verceil	*La Sésia.*	172 $\frac{1}{2}$
Verdun.	*Meuse.*	98 $\frac{1}{2}$
Vermanton.	*Yonne.*	94
Vernet. (le)	*Allier.*	103 $\frac{1}{2}$
Verneuil.	*Eure.*	56
Verneuse.	*Eure.*	54 $\frac{1}{2}$
Vernon.	*Eure.*	62
Veronne. (*Italie.*)	*Adige.*	210
Verpilière. (la)	*Isère.*	125 $\frac{1}{2}$
Verres.	*La Dora.*	173
Verrières-de-France.	*Doubs.*	129
Versailles.	*Seine et Oise.*	68
Verte-Feuille.	*Aisne.*	80 $\frac{1}{2}$
Vert-Galant. (le)	*Seine inférieure.*	59
Vervins.	*Aisne.*	90 $\frac{1}{2}$
Vesaignes.	*Haute-Marne.*	105 $\frac{1}{2}$

	Département.	Myriamèt
Vesoul.	Haute-Saône.	116 ½
Veuves.	Loire et Cher.	63
Vicenée. (*Italie.*)	Bachiglione.	217 ½
Vichau.	Oise.	72
Vidauban.	Var.	162 ½
Vienne.	Hérault.	125
Vienne.	Autriche.	258
Vierzon.	Cher.	79 ½
Vieux-Maisons.	Seine et Marne.	80 ½
Vignory.	Haute-Marne.	104
Vigo. (*Espagne.*)	Gallice.	225
Ville-au-Brun. (la)	Haute-Vienne.	81
Ville-Dieu-du-Pont-Vau.	Deux Sèvres.	53 ½
Ville-Dieu-du-Perron. (la)	Deux Sèvres.	56 ½
Ville-Dieu-les-Poêles.	Manche.	33 ½
Ville-Franche.	Aveyron.	113 ½
Ville-Juif.	Seine.	69 ½
Villemontois.	Puy-de-Dôme.	111 ½
Villeneuve. (la)	Creuze.	94
Ville-neuve-de-Marsan.	Des Landes.	93 ½
Villeneuve-la-Guyard.	Seine et Marne.	80
Villeneuve-les-Couverds.	Côte-d'Or.	102
Villeneuve-St.-Georges.	Seine et Oise.	72
Villeneuve-sur-Allier.	Allier.	97
Villeneuve-sur-Vannes.	Yonne.	86
Villeneuve-sur-Verberie.	Oise.	76 ½
Villeneuve.	Lot et Garonne.	91
Villeneuve-sur-Yonne.	Yonne.	86

	Département	Myriamèt.
Ville-Pinte.	*Aude.*	118 $\frac{1}{2}$
Villers-Bretonneux.	*Somme.*	71 $\frac{1}{2}$
Villers-Cotterets.	*Aisne.*	79
Villevallier.	*Yonne.*	87
Villotte.	*Meuse.*	101 $\frac{1}{2}$
Vintimille.	*Alpes Maritimes.*	186 $\frac{1}{2}$
Vire.	*Calvados.*	36 $\frac{1}{2}$
Vitré.	*Ile et Vilaine.*	39 $\frac{1}{2}$
Vitry-sur-Marne.	*Marne.*	93
Vitteaux.	*Côte-d'Or.*	102 $\frac{1}{2}$
Vittoria. (*Espagne.*)	Biscaye.	139 $\frac{1}{2}$
Viviers-l'Agneaux.	*Sambre et Meuse.*	109
Vivonne.	*La Vienne.*	62 $\frac{1}{2}$
Vizille.	*Isère.*	137
Voguère.	*Gènes.*	182 $\frac{1}{2}$
Void.	*Meuse.*	104
Voiron.	*Isère.*	133
Voisage.	*Moselle.*	108
Voltaggio.	*Gènes.*	183
Voltri.	*Gènes.*	192
Voray.	*Doubs.*	121
Voreppe.	*Isère.*	133 $\frac{1}{2}$
Voué.	*Aube.*	89 $\frac{1}{2}$
Vouziers.	*Ardennes.*	95

	Département.	Myriamèt.
Wantzenau. (la)	*Bas-Rhin.*	13o $\frac{1}{2}$
Waquet. (le)	*Nord.*	83 $\frac{1}{2}$
Warsovie.	Pologne.	193 $\frac{1}{2}$
Wasselone.	*Bas-Rhin.*	121 $\frac{1}{2}$
Wavigny.	*Oise.*	73 $\frac{1}{2}$
Wermers-Kirchen.	*La Roër.*	132 $\frac{1}{2}$
Wesel.	*La Roër.*	131 $\frac{1}{2}$
Wiesbanden.	*Mont-Tonnerre.*	124
Wissembourg.	*Bas-Rhin.*	133 $\frac{1}{2}$
Witlich.	*Des Foréts.*	112 $\frac{1}{2}$
Worms.	*Mont-Tonnerre.*	131 $\frac{1}{2}$
Wurtzbourg.	Allemagne.	143
Xanten.	*La Roër.*	133
Xertigny.	*Des Vosges.*	116
Ypres.	*La Lys.*	87
Ypreville.	*Seine inférieure.*	57 $\frac{1}{2}$
Yrun.	*Basses-Pyrennées.*	114 $\frac{1}{2}$
Yvetot.	*Seine inférieure.*	57

Zamora. (*Espagne.*)   Royaume de Léon. 180
Zoux. (le)   *Puy-de-Dôme.*   104 ½
Zwol.   *Bouch. de l'Yssel.* 121

NOTA. Le Ministre de la Marine a décidé , par une lettre du 25 avril 1811 , qu'il ne serait accordé que *soixante-quinze centimes* , à chaque Marin , pour son séjour.

ERRATA.

Page 19 ; Bene, la Strura, *lisez* : la Stura.
    21 ; Bone, la Strura, *lisez* : la Stura.
    66 ; Pootspoder, *lisez* : Portspoder.
    70 ; Sables d'Olodne, *lisez* : Sables d'Olonne.
    63 ; Plougonvelin, autre , 7 myriamèt. et demi , *lisez* : 3 myriamèt. et demi.